「努力」は、キミの翼だ。

SUGAMO

very kind
listen everyone opinion

〒170-0012 東京都豊島区上池袋1-21-1 TEL. 03-3918-5311 https://sugamo.ed.jp/

巣鴨学園チャンネルより学校生活をご覧いただけます。説明会、行事日程などはホームページで配信しています。

2月12日(水) 入試 3科/5科 から選択

巣鴨学園チャンネル公開中!!

CONTENTS

Success 15 8

https://success.waseda-ac.net/

サクセス15
August 2024

Special School Selection

東京都　世田谷区　男子校

筑波大学附属駒場高等学校

School data

所在地：東京都世田谷区池尻4-7-1
アクセス：京王井の頭線「駒場東大前駅」徒歩7分、東急田園都市線「池尻大橋駅」徒歩15分
生徒数：男子のみ484名
ＴＥＬ：03-3411-8521
ＵＲＬ：https://www.komaba-s.tsukuba.ac.jp/

- ３学期制
- 週５日制（隔週で土曜授業あり）
- 月～金６時限、土４時限
- 50分授業
- １学年４クラス
- １クラス40名

自由・闊達の雰囲気のなかで なにごとにも主体的に臨む

全力で目の前の物事に向かう生徒が集まる筑波大学附属駒場高等学校。全員が取り組む水田学習や探究など、多彩な学びを通じて、将来に向けた力を養います。

学校目標を胸に 連絡生とともに学ぶ

筑波大学の附属校である筑波大学附属駒場高等学校（以下、筑波大附属駒場）は、「自由・闊達の校風のもと、挑戦し、創造し、貢献する生き方をめざす」を学校目標に掲げています。

北村豊校長先生は、「この目標については私もおりに触れて生徒に伝え、彼らも入学時から段々と目標に対する思いが強くなっていきます。卒業生をみると、大学生や社会人になっても、これらを実践してくれていることを感じます」と話されます。

同校には附属の中学校があり、連絡生と呼ばれる１２０名が進学してきます。一方、高校受験を経て入学する生徒（高入生）は40名です。人数だけをみると、高入生は馴染みにくい環境があるのではないか、という不安を感じる方もいるかもしれません。しかし「新しい風が入ることによって、いい化学反応が生まれ、互いに成長できる」と北村校長先生が話されるように、きずなを深めながら高めあえる環境があります。

クラスは高１から混合で連絡生30名、高入生10名で編成されます。

北村 豊 校長先生

入学時から机を並べ、また毎年クラス替えを行うことも、両者の壁を作らないことに一役買っているのでしょう。

得意を伸ばせる環境 独自の水田学習も魅力

授業の特徴は、どの教科でも生徒が活発に発言することだと北村校長先生は話されます。

「数学の授業でクラスメイトが新しい解法を発表したら、『すごい』と素直に評価して拍手をしているようです。その声や音がときには校長室まで聞こえてくるんですよ(笑)。教員も飽きさせない授業をしようと熱意を持って臨んでいますし、生徒も新しい知識を吸収することに貪欲です。自分の意見を自由に発することができる雰囲気、得意を伸ばせる環境が整っています。生徒には自分の好きな教科だけでなく、どの教科にもまんべんなく力を入れることを望みます。強みを複数持っていれば、社会に出たときも、きっと活躍できるはずです」

筑波大附属駒場の学びを語るうえで欠かせないのが、独自の「水田学習」です。校舎から徒歩数分の場所にある駒場野公園内に「ケルネル田んぼ」※を有しており、高1は全員が田植えから稲刈り、脱穀までを経験します。

連絡生は中1ですでに取り組んでいますが、高入生は入学後、水田学習で初めて田んぼに足を踏み入れることがほとんどで、それだけでも貴重な学びといえます。

さらに、作業をする際にどのように身体を動かすのが効果的か(体育)、田んぼにどんな生きものが棲息しているのか(生物)など、教科の学びと連動しているのも特徴です。これが単なる体験で終わらない、水田「学習」とされている所以です。

「教室とは異なる環境でともに泥にまみれる、それが連絡生と高入生を打ち解けさせることにもつながっています。創立以来の取り組みなので、卒業生も全員が経験し

※ケルネル田んぼ＝明治時代の初め、同校の前身である駒場農学校で近代農法を伝えていた、オスカー・ケルネル氏の名を由来とする

中庭ピロティ

ており、よく思い出を口にしています。水田学習は、同級生に加え先輩と後輩をもつなぐものなのだと感じます。なかには、水田学習をやりたいと入学してくる生徒もいて、作業当日のとりまとめをする水田委員長に立候補しています。自主的に田んぼの見回りもしていて、そうした姿を目にすると嬉しいものです」と北村校長先生。

じつは北村校長先生は、筑波大学生命環境系農学域の教授として、ご自身も農学にかかわる研究をしています。そうした立場からみた水田学習についてうかがうと「米作りは弥生時代から続くものですし、日本の農業の基盤でもあります。食糧問題を考えるうえでも重要ですから、水田学習を機に、そうしたところまで視野を広げて興味を持ってもらえたらと願います」と話されます。

大学でも役立つ探究のノウハウを習得

ほかにも高2で関西地域研究と、

施設

生徒同士の憩いの場となるスペースがあるほか、広々とした体育館をはじめとする運動施設もそろっています。

体育館

創立50周年記念会館

水田学習

筑波大附属駒場ならではの水田学習。クラスごとに区画が与えられクラスメイトと協力して育てていきます。

探究活動

専門家の指導を受けながら、フィールドワークを行うこともある高2の探究活動。自らの興味関心を深めながら多くの力を養います。

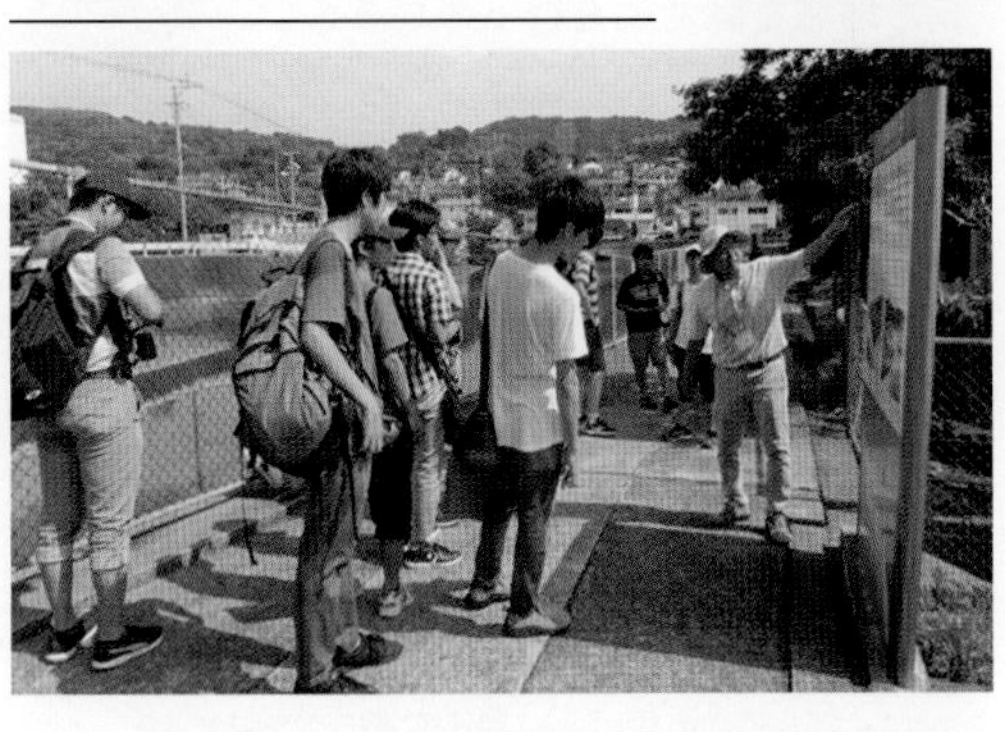

理数探究基礎もしくは総合的な探究の時間での活動、高3で課題研究（選択科目）といった取り組みが用意されています。

関西地域研究は、その名が示す通り関西を訪れ研究を行うもの。班ごとに定めたテーマに沿って、現地でなにをするかを生徒たち自身で計画します。観光、食、文化などテーマは多彩で、班員は会計担当、写真担当と個々に役割が与えられ、全員が得意を活かしながら責任を持って研究にあたります。成果は班ごとにレポートにまとめ、すべてが1冊にまとめられます。写真を豊富に使う、多くの参考文献にあたるなど、完成したレポートからも各班が工夫を凝らしていることが感じられます。

高2の理数探究基礎・総合的な探究の時間は、ゼミ形式の講座が開かれ、各々が課題を設定し、探究を進める形です。

「探究を通じて、正解のない問いに対して最適な答えを導き出す力を養ってほしいですね。これまでに点字を翻訳するスマートフォンのアプリを開発をした生徒もいて、まさに学校目標の挑戦、創造、貢献を体現する取り組みだと実感しました。また、高校時代にテーマ設定の仕方、調査・実験の方法、成果のまとめ方など、探究のノウハウを身につけておけば、大学入学後の学びに違いが出てくるでしょう」（北村校長先生）

多くの人と触れあい 将来に向かう

自由・闊達の雰囲気のなかで、仲間とともに、教科の知識に加え、多角的な視点や探究力も身につけることができる筑波大附属駒場。そうした学びのなかで、連絡生と高入生のきずなが育まれていくのはすでにお伝えした通りです。加えて同校では、学外の人と触れあう場も豊富です。

その1つが、姉妹校である台湾の台中市立台中第一高級中学との国際交流です。筑波大附属駒場からは、例年約20名ほどが現地を訪れ、昨年度は台中市立台中第一高級中学の生徒60名が日本を訪れました。文化交流に加え、互いに研究発表をするのが特徴で、英語でプレゼンテーション、ディスカッションをします。

「自分とは異なる文化を持つ方々と触れあう経験は、生徒が大人になった際、海外の方と関係を築くうえで役立つコミュニケーション力を磨くことにつながります。また英語を話せれば、母国語が異なる人とも意思疎通ができると体感するでしょう」と、国際交流の意義を語る北村校長先生。

ほかにも地域貢献活動として、

国際交流

台湾の姉妹校をはじめ、韓国の学校とも交流します。互いの研究について議論し、新たな気づきを得る場ともなっています。

地域貢献活動

筑波大附属駒場の実験室で、小学生とともに実験を行います。こうした地域貢献活動を行っているのも同校の特徴の１つです。

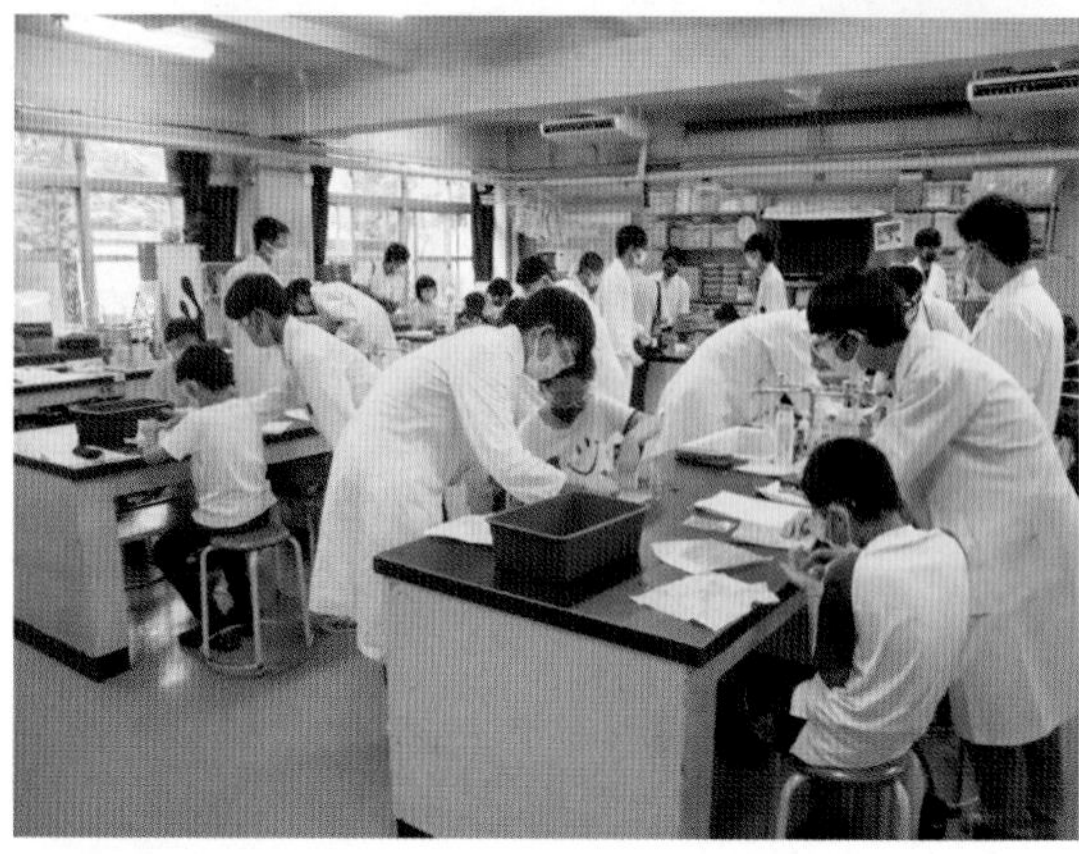

進路指導

身近なロールモデルである卒業生の言葉は、生徒に大きな刺激を与え、将来に思いをめぐらすきっかけとなります。

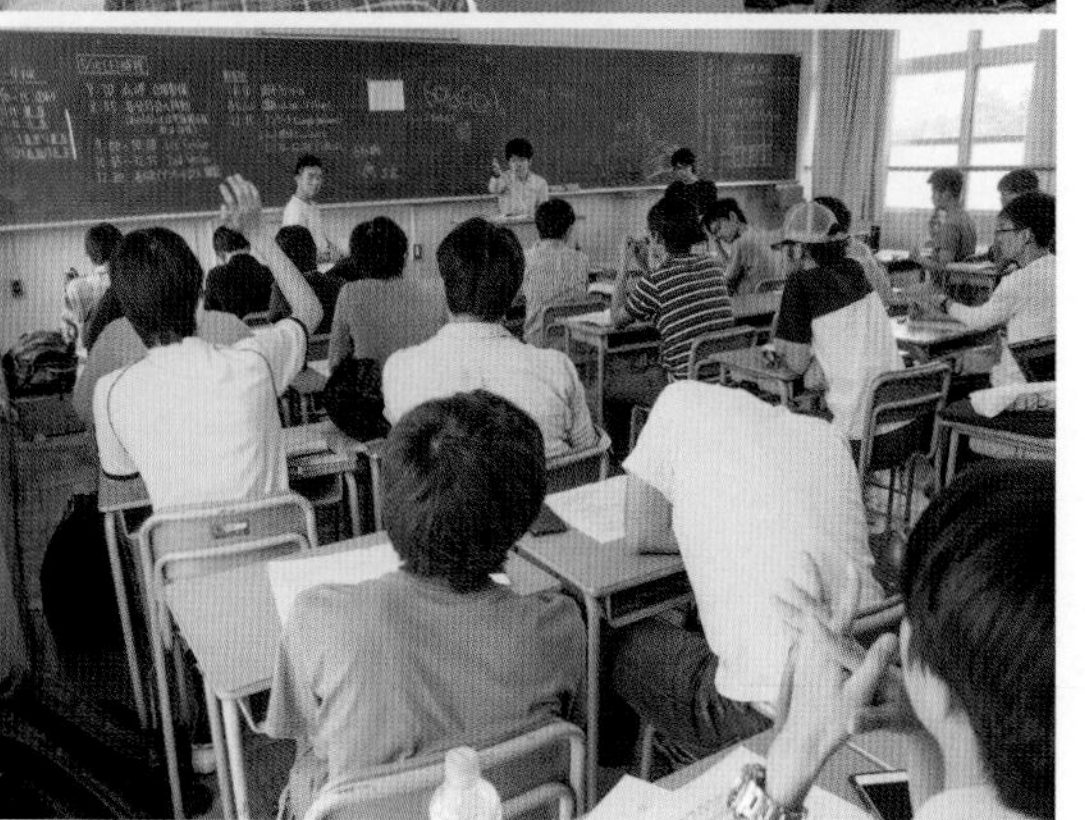

化学部の生徒が小学生を対象に実験教室を行っています。普段とは逆の教える立場として、どうしたら小学生が楽しみながら学べるかを検討し実施しています。

また、卒業生との触れあいも大切なものです。高2では10～20歳ほど年の離れた卒業生から職業選択やキャリアについて、高3では大学や大学院で学ぶ卒業生から現在の学びや研究、大学受験について話を聞きます。

「卒業生は快く引き受けてくださいますし、時間が足りなくなるほどに、生徒の質問にも丁寧に答えてくださいます」と北村校長先生。

進路指導の一環としては、筑波大学を訪れ、研究室を見学したり大学生といっしょに講義に参加したりするプログラムもあります。生徒は、多くの人と触れあうことで刺激を受け、自らの将来を見つめていきます。

試行錯誤しながら行事にも全力投球

行事や部活動においても、生徒の自主性が大切にされているのが筑波大附属駒場です。

例えば体育祭では、近年、ケガをする可能性があるという理由から、騎馬戦が実施されていませんでした。しかし、生徒から復活させたいという声があがったそうです。そこで、頭ごなしに禁止を言い渡さないのが、筑波大附属駒場の指導です。そして、どうしたら実行できるのかを考えるのが筑波大附属駒場生の姿です。

「『馬上鉢巻取り』と名を変えて、安全を最優先にした競技を考案したんです。1組ずつの勝負にして、互いに手袋とゴーグルを装着し、周囲にマットを敷いてケガをしないよう配慮していました。できないと諦めるのではなく試行錯誤できる力を、本校の生徒は持ってくれています」と北村校長先生は話されます。

体育祭以外の行事にも熱心に取り組んでおり、高3は文化祭で、クラスに関係なく様々な企画を実施する「総合発表」を行います。それまでの高校生活で培った企画力や構成力、リーダーシップ、フォロワーシップなどを存分に発揮

三大行事である文化祭、体育祭、音楽祭のほか、ロードレースなども実施されています。音楽祭は外部の施設で行われます。

文化祭

文化祭

音楽祭

体育祭

ロードレース

します。

「行事に全力を尽くすと勉強がおろそかになるのではないかとも思うかもしれませんが、行事が終われば気持ちを切り替えていますし、そこで培った集中力を大学受験にも大いに活かしています。そうした姿から、後悔の残らないよう燃え尽きるほどに行事に熱中するのも、彼らの成長にいい影響を与えているのだと感じます」（北村校長先生）

授業にも、そのほかの取り組みにも、知的好奇心を持って積極的に臨む筑波大附属駒場生。自由・闊達の雰囲気が、生徒の主体性を伸ばし、社会でも活躍できる人材へと導きます。

「高校受験に向けての勉強は大変だと思いますが、それを乗り越えて本校に入学していただければ自由な学びの場が待っています。自らを律しながら過ごすという『自由の意味』をきちんと理解し、チャレンジを重ねられる生徒であれば、きっと充実した3年間を過ごすことができるでしょう」（北村校長先生）

■2024年３月　大学合格実績抜粋　（　）内は既卒

国公立大学		私立大学	
大学名	合格者数	大学名	合格者数
北海道大	2（2）	早稲田大	114(41)
東北大	1（1）	慶應義塾大	70（25）
筑波大	1（0）	上智大	13（9）
東京大	90（21）	東京理科大	22（9）
東京医科歯科大	7（2）	青山学院大	2（1）
東京工業大	1（1）	中央大	4（3）
一橋大	3（1）	法政大	3（1）
横浜国立大	2（1）	明治大	10（8）
京都大	4（1）	立教大	1（1）

写真提供：筑波大学附属駒場高等学校　※写真は過年度のものを含みます。

その研究が未来を拓く

研究室にズームイン

南極で氷河の底をのぞき氷の流れと融解を調べる

北海道大学低温科学研究所
雪氷新領域部門
杉山慎（すぎやま しん）教授

日本には数多くの研究所・研究室があり、そこではみなさんの知的好奇心を刺激する様々な研究が行われています。このコーナーではそんな研究所・研究室での取り組みや施設の様子を紹介していきます。今回は南極やグリーンランドで氷河の流動やその現状について調査する北海道大学低温科学研究所の杉山慎教授の研究についてお伝えします。

画像提供：杉山 慎 教授

南極での氷河調査の様子

南極の氷が融けたら首都圏が沈んでしまう!?

杉山 慎（すぎやま しん）

大阪大学大学院修士課程を修了後、信越化学工業株式会社、青年海外協力隊（ザンビア共和国）を経て、北海道大学大学院博士課程にて氷河研究を開始。スイス連邦工科大学研究員を経て、2005年から北海道大学低温科学研究所勤務。

毎年のように猛暑が続き、異常気象が取りざたされる近年、多くの人が地球の現在や過去、未来に目を向け、どのような変化が起こっているのか、どうしたら負の変化を止めることができるのかを考えています。

そのなかで、変化がみられている南極について考えてみましょう。南極の氷がすべて融けると、どうなると思いますか。その答えは、陸地に対する海面の相対的な高さである「海水準」が60mほど上昇し、いくつもの都市が水没するという衝撃的なもの。これが現実になると、日本でも首都圏などをはじめとした都市が海に沈みます。

「そんなことありえない」と思うかもしれませんが、1901年から2010年の間に、世界の海水準は約20cm上昇しました。その原因の約半分は、地球温暖化によって海水が温まった結果、海水の体積が膨張したこと。残りの半分は、南極・グリーンランド・北極域や標高の高い地域にある氷、「氷河」の融解が原因とのことです。地球にある氷河のうち、約9割が南極にあるため、前述のように、南極の氷が融けると……という仮定がなされたわけです。

ここで出てきたキーワード、氷河とはいったいどんなものなのか、いまそこでなにが起こっているのか、氷河の研究を専門とされている北海道大学低温科学研究所の杉山慎教授にうかがいました。

もととなるのは雪 流動する氷こそ氷河

まずは「氷河とはなにか」につい

グレイ氷河

南アメリカのパタゴニアにある山岳氷河。崩れた氷が湖に浮いています。

てみてみましょう。

冬になると、日本でも降り積もる「雪」。氷河のもととなるのは、この雪です。冬に北海道などで見られる流氷は海水が凍った海氷なので、氷河とは異なるものです。

雪が降り、すべてが融ける前にまた降り積もり……を繰り返し、長い期間をかけて段々に押し固められて氷になるのが氷河です。日本の場合、豪雪地帯でも、雪が夏を越えて翌年の冬まで残ることはほぼないといえます。しかし世界に目を向けると、標高や緯度の高い地域では、融ける雪の量よりも降り積もる雪の量の方が多い場合があります。そうした場所で氷河は形成されます。ただし凍っているだけでは氷河とはいえません。「流動」していることが条件です。そう、氷河は動いているのです。

杉山教授は「大きく硬い氷である氷河が果たして動くのかと不思議に思う方もいるかもしれませんね。そこで、冷蔵庫にしまわれているハチミツを想像してみてください。固まっていて、容器を傾けてもなかのハチミツは動かない。しかし横に寝かせて置いておくと、いつの間にか少しずつハチミツも横に流れて形を変える。氷河もそんなイメージで、ゆっくりと動いています。

流動する要因は氷河の底の方にあります。氷河の重さで「底の方にある氷」「深いところにある氷」には大きな力がかかり変形します。さらに底は地球内部から伝わる熱で融かされ、その融け水で滑る、というわけです。そういったメカニズムが気候変動の影響を受けて変化し、近年は流動のスピードが加速している氷河もあります」と説明されます。

氷河のなかでも、南極とグリーンランドにあるものは、宇宙からも見えるほどに大きいことから、特別に「氷床」と呼ばれます。氷の厚さは、南極が平均２０００ｍ、グリーンランドが約１７００ｍもあり、大陸を覆う、まさに「氷の床」です。

氷床以外の氷河は「山岳氷河」に区分されます。例えばスイスにはヨーロッパアルプス最大の山岳氷河があります。電車に乗って見にいけるため、多くの人が訪れる観光地です。現地の人は融け水をダムに溜めるなど、身近な形で活用もしています。

ただ近年積雪量が減り、気温上昇による融解の促進などから、山岳氷河は多くの氷を失っています。現地の人々は自国の資源、そして魅力の１つである氷河が縮小していくことに不安を抱いています。「氷河の融解は、地球規模の環境問題という側面も大きいのですが、その近くに暮らす人々の生活に密着した問題でもあるんです。山岳氷河の体積は、氷河全体でみると１％未満にすぎませんが、急激に氷を失っている点では大きな問題です」と杉山教授は話されます。

地球規模でも、１つの国にとっても課題がある氷河。杉山教授はその課題に立ち向かっています。

融解の現状を把握するため様々なデータを取得する

杉山教授が取り組んでいるのは、「氷河が実際にどのように動いているのか」「氷河の底はどうなっているのか」の解明です。

山岳氷河は、湖や海に流れ込んでいることも多く、水面下の氷河は地上からでは観察できません。そこで杉山教授は、船で近づき、水中に音波のビームを当てて、その形を把握する試みをしています。「見えていなかったものが見える、それが楽し

音波や電波をあてて、氷河の形を把握します。水中にある氷が融けても海水準に影響はありませんが、支えがなくなることで陸地に載っている氷河の流動が進むため、水中を調べるのも重要なのです。

いんです」と話される杉山教授。

滞在中に氷河の崩壊が起こったこともあるそうで、すぐに2回目の測定をしたところ、まさに水中に沈んでいる底の方が崩れて形が変形していることが判明したそうです。

また、氷河の流動や融解は底の方で起こっていることから、氷河に孔を開けて実際に様子を観察することもあるのだそう。2022年には南極で行いました。

南極は、大気の温度がもともと低いため、山岳氷河と比べると、あまり気温による融解は起こっていません。では、南極の氷が失われる原因はなんなのか。それは棚氷の先から氷山が切り離されること、棚氷の底が接する海水温の上昇により融解が進んでいること、この2つです。棚氷とは、氷河が流動してその先端が基盤から離れ、海に突き出して海水に浮いている部分のことです【図】。

「人工衛星を使ったり、ヘリコプターをチャーターしたりして観察していると、ある場所だけ明らかに流動が激しい部分が見つかります。そうした部分に孔を開け、その理由を解明しようと研究を進めています」(杉山教授)

調べる場所が決定したら、まずは電波を利用して底までの厚さを調べます。氷は電波を通しますが、地面や水面は反射するため、電波が戻ってくる時間から、その厚さが計算できるのです。その厚さに合わせて、何百mものホースを用意し、先端から熱湯を放出し少しずつ氷河の一部分を融かしていきます。孔が開いたら、棚氷の下にある海水に温度や塩分を測るセンサーを入れてデータを取得します。

融け水が海水に混ざると、海水の温度と塩分が変化します。その数値から、棚氷の底がどれくらい融け出しているのかがわかるのだそう。

さらに氷河が基盤の上で滑って流動しているところでは、最も重要な

南極氷床の変動にかかわる主要プロセス

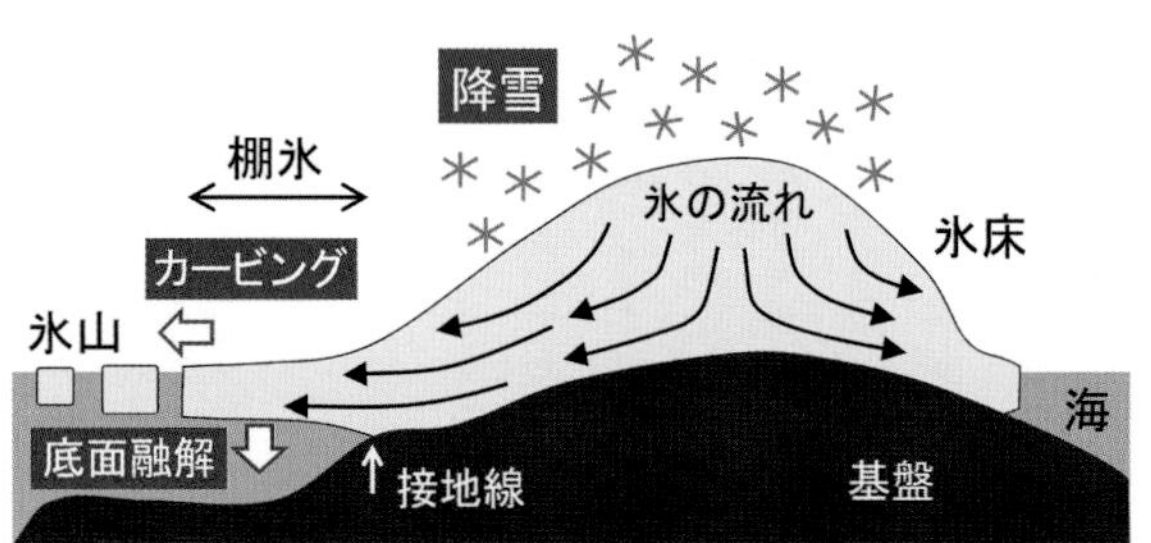

杉山慎著『南極の氷に何が起きているか』(中公新書)より

南極での調査

見渡す限り雪と氷で覆われている南極氷床。杉山教授は氷河に孔を開ける調査を実施しました。お湯を沸かして掘り進めていきます。300m掘るのに、丸1日かかるそうです。

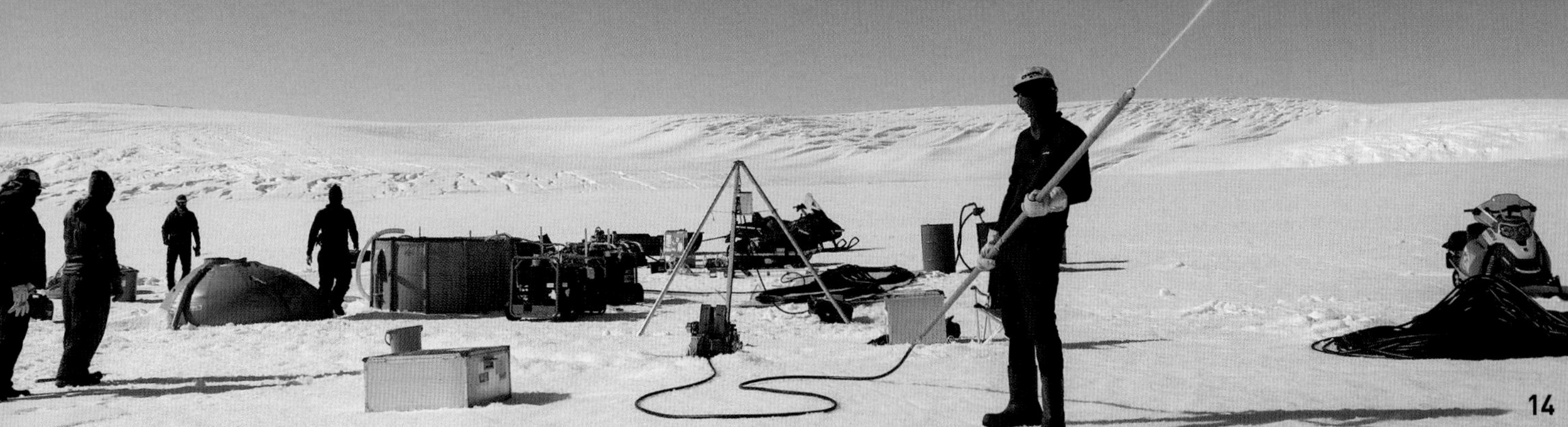

世界最大の島であるグリーンランドには、美しい山々と氷河が広がっています。

データとして水圧を測定します。まずはコップに入った氷をイメージしてみましょう。氷だけが入っている場合は、重力のみが働き、氷はコップの底に接して動きません。しかしそこに水を入れていくと、氷に水圧がかかり、やがて浮き上がります。

「同じように氷河の底に融け水が入って水圧が上がると、氷が持ち上げられ滑りやすくなります。その結果、より激しい流動が起こるというわけです。水が氷に与えている水圧を測ることは、氷河の動きを把握することにつながるのです」と杉山教授。

こうしたデータを取得して、現在の状況を把握するとともに、コンピューターでシミュレーションをして、今後の予測を進めています。

なお、孔にはカメラも入れて撮影も実施。すると、氷河の流動で削られた痕跡が残る岩や、融け出している棚氷の裏側を見ることが可能に。

「初めて棚氷の下の海を見たときは、透明度の高い、その海水の美しさに感動しました」と語る杉山教授。ただときには、カメラに思いがけないものが映り込むことも……。

「氷河が基盤から離れて棚氷となる地域には、氷と基盤の間に数mの薄い海水層があります。そこにカメラを降ろした際、水生生物が映り込んだんです。そこは海から3㎞も離れた場所ですから、なぜそんなところにいるのかとても不思議でした。自分がテントを張っているこの氷の何百mも下に生物がいるのだと思うと、なんだかゾクゾクとしたのを覚えています。こうした予想外の発見もフィールドワークの醍醐味です」(杉山教授)

海洋大循環に影響する氷床の融解とは

海水準の上昇を予測するために重要な氷河の融解にかかわる調査。ただほかにも、大きな意義があると杉山教授は話されます。それは「海洋大循環」に与える影響です。

地球の海は1000年から1500年をかけて循環しています。グリーンランド沖の北大西洋を出発点に表層の海水が沈み込み、大西洋を南下して南極に到達してさらに沈み込み、インド洋や太平洋を北上していきます。太平洋の北、日本の東側にあたる海では、この海水が上層に上がってきます。すると海の底に沈んでいた栄養分が持ち上げられ、魚にとって魅力的なエサ場となるのです。その結果、人間にとっても魅力的な漁場が実現します。その後、海水の流れはインド洋からアフリカ大陸南端を通って、大西洋を北上、グリーンランドへと戻ります。温度の高い海水を北に運ぶことは、北アメリカの東海岸やヨーロッパなどに温暖な気候をもたらすことにもつながっています。これが海洋大循環の仕組みです。

では、グリーンランドや南極で氷床の融解が加速するとどうなるのか。すでにお伝えしたように、融け水は淡水ですから、融け水と海水が混じりあうと、塩分が低くなります。通常、塩分が高い水の方が、密度の関係でより深い方へ沈み込みます。もし大量の融け水が海水に混じりあうと、上層の海水は塩分が大きく下がることから沈み込みにくくなり、海洋大循環のスタートが滞るというわけです。

海洋大循環への影響を知ると、普段は身近に感じることのない氷床の融解は、私たちの生活に大きく関係していることがわかり、その研究の重要性が実感できます。

氷をキーワードにしてさらに研究を広げた

さて、次にグリーンランドに目を向けましょう。杉山教授によると「グリーンランド氷床の融解は、山岳氷河融解の要因である積雪量減少と気温上昇による融解の加速、南極氷床融解の要因である海への氷の流出という両方を持っている」とのこと。

杉山教授はそんなグリーンランドにも毎年足を運んでいます。氷にGPSを埋め込んで、流動の様子を観察するなど、氷河の研究を行うのはもちろんですが、加えて現在は、そこに暮らす人々の暮らしに影響を与える海氷や凍土にも研究のテーマを広げています。海氷とは前述の通り、海水が氷になったもの、凍土とは土が凍った状態をさします。

グリーンランドは日本の6倍の面積があり、その約8割が氷床です。

残りの2割しかない陸地に小さな村が点在していて、合計で約5万7000人が住んでいます。杉山教授が訪れるのは、約600人が暮らす村、カナック。背後には氷河が迫り、目の前の海は1年のうち9カ月ほど海氷に覆われます。

「村と空港を結ぶ道の下を、氷河の融け水が流れるようにしてあるのですが、氷河の融解が進んでいることから融け水が増え決壊することもあるんです。加えて、気温の上昇や、異常気象による大雨などで、これまで凍りついていた土砂が不安定になり、地滑りが起きています。私は氷河の研究者ですが、『氷』というキーワードから、どうしたらこうした被害を防げるか、村の人と協力しながら考え始めています」と話す杉山教授。

会社員・教員を経て研究者の道へ

ここまでみてきたように、杉山教授は現地を訪れることを大切にしています。足を運んだからこそ取得できるデータを使い、人々と交流するからこそ気づく問題に取り組む、それが杉山教授の研究スタイルです。

「行かないとわからないことが必ずあります。……とはいえ、もともと山登りが趣味で、自然のなかで活動したいと思い氷河の研究者をめざしたので、むしろ行きたくて仕方ないんです（笑）」（杉山教授）

杉山教授は、大学院の修士課程までは物理学を専門として、黒鉛（カーボングラファイト）についての研究をしていました。黒鉛とは読者のみなさんにも身近な鉛筆の芯です。黒鉛に高い圧力をかけて加熱すると、ダイヤモンドになる、そうした物質の性質が変化する現象を突き詰めていました。修士課程修了後は企業に就職し、光ファイバーの研究開発に従事、その後会社を辞め、青年海外協力隊として2年間アフリカに赴き、物理の教員を務めました。

ではいつ氷河の研究を始めたのかと尋ねると「アフリカから帰国後、博士号取得のために大学院に入り直したときです。氷河に興味を持ったきっかけは、会社員として働いていた時代にありました。会社があったのは山が多い群馬県で、当時は平日は実験室で仕事、週末は山登りを楽しむという生活を送っていました。そのときに、逆に週5日間自然のなかで過ごせたらいいなと思ったんです（笑）。ただ、幼いころ父親がアフリカで仕事をしていたこともあり、アフリカに行ってみたいという思いも持っていました。そこでまずはアフリカに行き、帰国後に研究者の道を歩もうと決めたんです。そのとき選んだ研究テーマが氷河です。物質の性質についての知識がありましたから、氷の性質を理解し、例えばそこにどんな力が加わると変形するのか、何℃で融け出すのかを理解するのに、自分の力を発揮できると感じました」と答えが返ってきました。

じっくりと考えベストを尽くす

大学院での研究を経て、会社員、教員と経験を積み、その後本格的な研究者となった杉山教授。振り返ると、会社勤め、海外での生活、そのどちらもが、いまに活かされていると実感するそうです。

企業での研究開発の仕事は、自分がなにをしたいかではなく、顧客の希望をかなえるものでなければなりません。顧客とだけでなく、ともに働く仲間とも密にコミュニケーションを取り、求められているものを実現することが必要です。

「人とのコミュニケーションが重要なのは研究者も同じです。いまなにが最先端の研究なのか、自分が取

氷河とともに暮らすカナックの人々。彼らの生活に寄り添い、融け水や大雨による河川災害を防ぐにはどうすべきかを杉山教授は考えています。

杉山教授は地球規模の問題である氷河にかかわる研究者を育てることにも尽力されています。スイスの山々に登り㊤、現地の研究者から講義を受け触れあえること㊧は、若い研究者にとって貴重な機会です。

ったデータに価値があるのか、ほかの研究者と交流しないと見極められません」（杉山教授）

アフリカという異文化のなかに身をおいたことも杉山教授のコミュニケーション力に磨きをかけ、さらには英語力を大きく伸ばす機会にもなったといいます。

こうした経歴をみると、杉山教授は思いをすぐに行動に移せる人という印象を持つ読者もいるかもしれません。しかし「その場その場でしっかりと考えます」との回答も。続けて聞いてみると「いますべきこと、いましかできないことはなにかをじっくりと検討します。とくに研究者になってからは、どうしたらこの道で生きていけるのか、成果を出すにはどうすべきかを見つけ実行する必要がありました。心がけたのは『つねにベストを尽くす』ことです。人生は運や偶然にも左右されるものですが、ベストを尽くしていれば、運を引き寄せたり偶然を拾えたりする機会も増えると思います。ですから、めざすものに役立つと感じたことはすべてやるべきだと考え行動してきました。

好きなことにだけ取り組むのはなかなか難しいですから、いまやっていることが好きなことだと、発想を転換してみてはいかがでしょう。目の前の物事に全力で臨んでいれば、それがいつしか『好き』に変わっているかもしれません」と話されます。

後進の育成にも尽力 教員としてのやりがい

目の前のことにベストを尽くし、研究を進めてきた杉山教授は、現在人材育成にも力を注いでいます。スイスに若い研究者を連れていき、氷河で野外実習を行ったり、現地の研究者から講義を受ける時間を設けたりしています。「研究者になったばかりのころは、自分の研究のみに集中していましたが、いまは若い人が氷河研究の大切さ、楽しさを知ってくれることに大きな喜び、やりがいを感じます。目をキラキラさせて取り組む姿を見ると嬉しいものです。それが、私の教員としての心の支えにもなっています」と語る杉山教授。

日本から遠く離れた氷の世界。ここ何年かですべての氷河が融けてしまうことはないとしても、そこには、地球に住まう私たち全員が目を向けなければいけない現実があります。

最後に杉山教授に読者へのメッセージをうかがうと「いまはとても変化の激しい時代ですから、こうしたらうまくいくよ、というアドバイスはあまりあてになりません（笑）。ぜひみなさん自身で時代の変化を理解し、これまでの考え方や価値観にとらわれずに、自分と社会の未来を考えてほしいと思います。とはいえ新しいものを生み出すには、すでにある知識を理解して活用することも重要です。いまは少し退屈に感じるかもしれない勉強も、将来の自由な発想力と行動力につながるでしょう。ベストを尽くすと楽しくなりますよ、きっと」と話されました。

北海道大学低温科学研究所

所在地：北海道札幌市北区北19条西8
ＵＲＬ：https://www2.lowtem.hokudai.ac.jp/

自然を相手にしているので、大変な面もありますが、現地に行ったからこその発見があると考えています。【カナックの人々と杉山教授（前列中央）】

きちんと
青春
國學院大學久我山高等學校　武道大会
国学院大学久我山中学高等学校
〒168-0082 東京都杉並区久我山1-9-1　TEL.03-3334-1151
京王井の頭線「久我山駅」南口から徒歩12分
JR「三鷹駅」・京王線「千歳烏山駅」からバスも可

私立高校 WATCHING

東京　杉並区　共学校

日本大学第二高等学校

「ここで学び、ここで育つ」卒業生が帰りたくなる学校

静かで緑豊かな空間が広がる日本大学第二高等学校。日本大学の建学の精神「自主創造」のもと、主体的・協働的に行動できる力を備えた人間形成をめざしています。

中島 正生　校長先生

所在地：東京都杉並区天沼1-45-33　アクセス：JR中央線・地下鉄丸ノ内線「荻窪駅」、JR中央線「阿佐ヶ谷駅」徒歩15分　生徒数：男子684名、女子623名　TEL：03-3391-0223
URL：https://www.nichidai2.ac.jp/

⇨3学期制 ⇨週6日制 ⇨月～金6時限、土曜4時限 ⇨50分授業 ⇨1学年11クラス ⇨1クラス約40名

「自己肯定力」を高めつつ人生100年を前向きに生きる

2年後の2026年度に創立100周年を迎える日本大学第二高等学校（以下、日大二）。卒業生はこれまでに4万5000人を超え、実業・芸術・政治・スポーツなど、国内外を問わず様々な分野で活躍しています。

日大二では、校訓である「信頼敬愛・自主協同・熱誠努力」のもと、高校3年間で育てたい「15の資質・能力」を明確にしています。なかでもとくに大事なものを中島正生校長先生は、「それは『自分のあり方を積極的に受け止め、自己吟味しつつ前向きに生きる力』と定義した『自己肯定力』です。この力は、これからの予測不可能といわれる『VUCA時代』※を生き抜くために必要な力だと確信しています。主体的で、かつ協働的な学校生活を通して、生徒たちとともにこれらの力を大きく伸ばしていきたいと思います。

人生100年といわれる時代、これからはつねに学び続ける姿勢や様々な問いかけに答えられる広い教養が求められます。日ごろの授業を大切にして、『15の資質・能力』をさらに高めてほしいですね」と話されます。

創立100周年に向けた取り組みも着々と進んでいます。その1つが新制服の導入で、在校生へのアンケートを参考にして、生徒会の協力を得て完成させました。新制服のデザインは、これまでの伝統にさらなる輝きを調和させたブレザースタイルを採用し、今年度の新高1生より着用が始まっています。

正門を入るとまっすぐに伸びる銀杏並木は学園のシンボル

また、制服のデザインだけでなくエンブレムやロゴマークも、校内のコンテストで選ばれた生徒のデザインをデザイナーがブラッシュアップしたものが使用されています。

「ロゴマークには平和の象徴の白い鳩と本校の象徴でもあるイチョウの葉が刻まれています。これらを考えた在校生たちは、この新制服を着ることなく卒業していくのですが、後輩のために着心地のよい制服を用意してあげたいという優しい思いがこの新制服に込められているのだと感心しました」と中島校長先生は嬉しそうに話されます。

伸びのびとした教育環境がおおらかな校風を醸成する

日大二の3年間では、大学進学のためだけでなく、自らの進路を主体的に切り開いていくことができる幅広い教養を身につけることを重視しています。

高1は、付属中学校から進学する生徒と高校から入学する生徒を混合したクラスが編成され、すべてのクラスが同じカリキュラムで、各教科の基礎基本をしっかりと学びます。

高2からの2年間は「人文社会」「理工」「医療」の3コースに分かれます。大学進学を意識したより専門的な学びへと移行していきますが、「人文社会」での数学や理科、「理工」「医療」での国語や社会といった科目もおろそかにすることなく、文理融合カリキュラムで幅広く教養を身につけていきます。

また、「自己肯定力を育むためには教育環境もとても大事です」と中島校長先生が語るように、日大二には充実した環境や教育施設が整っています。正門を入ると正面に見える見事な銀杏並木は日大二を象徴する風景としてよく知られています。学園の創立と同時に植樹されたもので、100年の長きにわたり多くの生徒たちの成長を

※VUCA時代＝変動性、不確実性、複雑性、曖昧性に富んだ時代

見守り続けています。

学習施設としては、3学年が入る高校校舎以外に理科校舎、芸術校舎、図書館が独立してあり、生徒たちは勉強や実験、芸術などに静かに集中して取り組むことができます。運動施設には、体育館、4コースのウレタントラックを有した人工芝グラウンド、テニスコートや多目的コートなどがあり、都区内にある学校とは思えないほど、各教育施設がゆったりと配置されています。

「生徒たちはそれぞれに合った多様な学校生活を送りますので、どんな生徒にも居心地のいい学校でありたいと思っています。この伸びのびと過ごせる環境や施設などが、本校の明るくおおらかな校風を醸成してくれるのでしょう」と中島校長先生は話されます。

1人ひとりの幸せを探して生徒の夢の実現をサポート

「1人ひとりの幸せを探して」をモットーに掲げ、生徒自らが将来を考え、主体的に進路選択ができるように細やかな進路指導が実践されています。

「総合的な探究の時間」に行われているキャリア教育もその1つ。おもに大学進学を意識させる内容になっており、職業観の確立に向けて自己理解を深め、現代社会の様々な課題についての探究を進めることで、学問の意義を考えていきます。さらに、日本大学の付属校としてのメリットを活用したプログラムも充実しており、日大二ならではのキャリア教育が行われています。

学年ごとのおもな内容としては、高1は自己理解と職業理解を中心にしたキャリアガイダンス、高2は大学理解や進路情報の活用方法を知るための大学別ガイダンス、高3では卒業生による受験体験講話などがあり、目標実現に向けたプログラムが設定されています。探究学習と絡めながら学年を追って体系的にキャリアを意識していくことで、大学ではなにを学び、将来どのように社会貢献をしたいかを自然と考えるようになり、それをもとに進路を決定していきます。

また、コースごとにも特徴的な取り組みがあり、例えば、「人文社会」では英語外部検定試験ガイダンス、「理工」は日本大学理工学部の先生による最新の研究講話、「医療」は医療系受験ガイダンスなど、より実践的なガイダンスを行うことでキャリアへの意識を高めてい

学校施設

創立90周年を機に整備された人工芝グラウンドや多目的コート。恵まれた環境と施設のなかで、生徒たちは高校生活を思いきり楽しんでいます。

1.芸術校舎. 2.高校校舎 3.人工芝グラウンド 4.多目的コートと付属中学校校舎 5.地学実験室(プラネタリウム投影)

ます。

近年の進学先をみると、日本大学へは付属推薦制度（基礎学力到達度テストの順位によって希望の学部・学科に推薦される「基礎学力選抜」ほか）を利用して約3割の生徒が進学。約6割は他の難関大学に進んでおり、入試形態も基礎学力を測る一般選抜だけでなく、学校推薦型選抜や総合型選抜を利用する生徒の割合が年々増えています。

学校生活

勉強、部活動、学校行事に、楽しみながら全力で取り組む生徒たち。体育大会の最後に高3全員で踊る「二高音頭」は日大二の伝統行事です。

6.理科授業風景　7.銀杏祭でのチアダンス部　8.高校体育大会　9.体育大会の最後に高3全員で踊る二高音頭　10.硬式野球部
写真提供：日本大学第二高等学校　※写真は過年度のものを含みます。

最適な居場所を見つけて いっしょに夢を語りましょう

コロナ禍もほぼ終息がみえたことから、今後は多様性の理解とグローバル時代に対応した国際理解教育に注力すると話す中島校長先生。40年ほど前から続くアメリカ・オレゴン州にある姉妹校との交換留学制度や日本大学主催のケンブリッジ大学語学研修、福島 British Hillsでのイギリス文化体験に加え、2025年夏をめどに始まるオーストラリア短期研修プログラムなど、生徒のグローバルな視点をさらに高める計画が進行中です。

次の100年に向けて、これまでの伝統を継承しつつ、新しい時代に即した教育を実践する日大二。「ここで学び、ここで育つ」を合言葉に、未来を生き抜く力を育んでいます。

最後に、中島校長先生からのメッセージです。

「本校は、勉強はもちろんですが、部活動や学校行事、委員会活動など、みなさんが活躍できる場所がたくさんある学校です。それができる充実した教育環境も整っていますので、1人ひとりに合った居場所が必ず見つかるはずです。その場所で少しずつでもいいので自己肯定を積み重ねていくと、自分の進むべき道はどこか、自分が成すべき社会貢献はなにかが次第にわかってきます。

みなさんの幸福の実現に向けて教員一同しっかりサポートしていきますので、自己肯定力を高めながら、いっしょに夢を語りあいましょう」

■2024年３月　大学合格実績抜粋

大学名	合格者数	大学名	合格者数
国公立大学		上智大	7
埼玉大	1	東京理科大	22
筑波大	1	青山学院大	16
東京大	1	中央大	37
東京都立大	1	法政大	44
静岡大	1	明治大	27
諏訪東京理科大	1	立教大	14
宮崎大	1	北里大	6
琉球大	1	杏林大	5
私立大学		聖マリアンナ医科大	1
早稲田大	17	東京医科大	1
慶應義塾大	3	日本大	383

どのコースで未来を描く？

十文字（じゅうもんじ）高等学校

所在地	〒170-0004 東京都豊島区北大塚1-10-33	TEL	03-3918-0511	女子校
アクセス	JR山手線「巣鴨駅」・「大塚駅」、都営三田線「巣鴨駅」、都電荒川線「大塚駅前駅」徒歩5分			

新コース制を導入し3年目を迎えた十文字高等学校。各コース主任に生徒さんの様子や取り組みなどについてうかがいました。

リベラルアーツコース ～浅見 武先生～

本コースの目標は「世界で活躍できる女性を育てる」ことです。勉強だけでなく、部活動や生徒会活動、海外留学など様々な経験をしようと考えている生徒が入学してきます。多種多様な進路希望を持った生徒たちですので、自分で考えて自立して勉強していけるような土台をつくっていきたいと考えています。

また、このコースには一般的な文系、理系といったくくりはありません。高1は全員が同じカリキュラムで学び、高2からそれぞれの進路に合わせた科目を選択して履修することで、必要な教養を身につけて進路実現につなげてほしいと考えています。

リベラルアーツコース主任　浅見 武先生

高1では「こういったものがあったらいいね」というモノづくり（商品開発）を探究学習として1年かけて行っています。また、企業やNPO法人などの実際の職業現場を見て、SDGsを意識した問題提起をし、その解決策を考える活動なども用意しています。これらの学びを通じて、将来の自分の職業観を考え、大学での学びに結びつけていってほしいと思っています。また、世界に羽ばたいてほしいという目標がありますので、英語教育にも注力しています。国内で気軽に参加できるプログラムもあり、昨年は希望者を対象に3日間英語漬けの河口湖国内留学を行いました。今年は高2を対象にして学期末試験後に、日本に留学している大学生などと3日間を過ごすオールイングリッシュのプログラムを実施します。

高3の進路希望先をみると、人文、理工、看護、栄養、体育、芸術などほんとうに多種多様です。多くの生徒が学校推薦型選抜や総合型選抜で受験するのですが、将来なにをしたいか、そのために大学でなにを学びたいのかを自ら考え、行動できるように、3年間で色々なことを体験してほしいと思います。生徒の進路が多様であるのなら私たち教員も多様なアプローチで臨まなければいけないと思っています。世界で活躍するにはどうしたらいいのかという大きな志を持って本コースに入学していただけると嬉しいです。

特選（人文・理数）コース ～瀬畑 光利先生～

社会で活躍できるたくましくしなやかな女性になるために、学力を一番の強みとして進路を切り拓ける力を育てることを目標としたコースです。3学年とも人文と理数の各1クラス構成で、理数の生徒の方が多く在籍しています。入試の合格点はほかのコースよりも高く設定していますが、学力の高さよりも自分の強みとして学力を鍛えたいという志を持った生徒が多く集まっているコースだと思います。学校生活は学習が中心になるからこそ、メリハリをつけるために部活動や学校行事に意欲的に参加する生徒も少なくありません。

本コースの特徴として、自ら楽しみながら学習目標を設定することができる機会を授業以外でも多く設けるようにしています。例えば、学習習慣をつけるためにオンライン自習室を設けたり、チャットアプリを使った生徒同士の学びあいや合宿学習なども行ったりしており、強制的ではなく、生徒が自分にとって必要だと思えばいつでも参加できるようにしています。また、見学会なども実施しており、ＪＡＸＡの筑波宇宙センターや理化学研究所、大使館などを訪問して、自ら進路を掘り起こせる機会を積極的に設けています。

また、昨年からのおもしろい取り組みとして、眠気防止のために立って授業を受けたいという生徒からの要望があり、高さ調整ができる昇降デスクを各クラスに4台設置しました。それと教室に置いてあるホワイトボードを使って、朝や休み時間などに生徒同士で教えあいをしているようです。色々な学習ツールを提供することで、生徒たちはどんどん主体的に学習を進めることができるようになっていると感じています。

特選（人文・理数）コース主任　瀬畑 光利先生

今年度は、「まなび」「ナビ（ゲート）」「ビバ」という3つの意味を持つ「マナビバ」をコンセプトに掲げています。目標を達成するには、自分よりも意識の高い仲間と切磋琢磨できる環境で学ぶことが大事だと思います。その環境の場として、私は自信を持ってこの特選コースをお勧めします。

ぜひ学力を自分の強みにして目標を達成したいと思っている生徒さんに入っていただければと思います。

自己発信コース ～飯島 奈海先生～

本コースでは、自分のテーマを持ち社会をよりよい方向にチェンジできる女性の育成をめざし、興味関心のあることを深掘りして、外へ発信する実践的な学びを行っています。

その代表的な取り組みが、J-Lab.と呼んでいる探究の授業で、総合的な探究の時間として、高1から高3まで週4時間行っています。

また、高1では、探究の基礎となるディスカッション、リサーチ、プレゼンテーションのスキルを学ぶ、J-Skillという授業も週1時間あり、さらに論理的な思考力・表現力を身につけるための「論理コミュニケーション」というプログラムも取り入れています。

自己発信コース主任　飯島 奈海先生

J-Lab.では、これまで日本政策金融公庫主催の「高校生ビジネスプラン・グランプリ」などに参加し、成果を上げてきました。今年は巣鴨の駅前商店街活性化プロジェクトを高1・高2合同で立ち上げ、より実践的な探究に取り組んでいます。巣鴨の良さを残しつつ、若者やインバウンドを呼び込みたいという商店街の要望を受け、十文字学園女子大学の先生方からの協力も得ながら進めています。高1は、こうしたグループ探究からスタートし、高1の後半から本格的なマイプロジェクト探究へと進んでいきます。

また、生徒たちにはできるだけ学外に出て色々な経験をするようにと言っています。今年は文部科学省の「トビタテ！留学ＪＡＰＡＮ」に8人挑戦して、4人が採択され、いまそれぞれの留学準備を始めています。

高3をみていると、「どのような価値観を大切にするか、どのような社会課題に向きあいたいか」という個々の考えをしっかり持っています。そのため、かなり早い段階から学びたい学問分野や進学したい大学がはっきりしており、これも1つの成果だと感じています。多くの生徒が総合型選抜に挑戦するのですが、1人ひとりが自分に合った納得感のある進路選択ができているという手ごたえがあります。

本コースは、「まずやってみよう」という失敗を恐れないチャレンジ精神を持っている人に向いていると思いますし、実際そういった生徒たちがチャンスをつかんでいます。一度思いきって行動してみると、次からはハードルがずいぶん下がります。ぜひ十文字でみなさんのやりたいことにチャレンジしてみてください。

●学校説明会
7/27 土　8/24 土
9/ 7 土　10/ 5 土
11/ 9 土　12/ 7 土
●イブニング個別相談会
10/18 金　11/20 水
●生徒企画見学会
10/12 土
●授業体験会
9/ 7 土
●十文字祭（文化祭）
9/21 土・22 日

※すべてWeb予約制です。

サレジアン国際学園高等学校

SALESIAN INTERNATIONAL SCHOOL

生徒の「学びたい」という思いをあと押しする充実の学習環境

共学化3期生までがそろい、中学の1期生に加わる高入生を来春募集するサレジアン国際学園高等学校。来春からはコース制が変更されるなど、徐々に評価を高めている英語教育に限らず、生徒の学びたいという意欲を伸ばす学習環境を整えています。

特色のある2つのクラス

21世紀に活躍できる「世界市民」を育てることを掲げ、そのために「5つの世界市民力」(「言語活用力」「考え続ける力」「コミュニケーション力」「数学・科学リテラシー」「心の教育」)を培う教育を実践しているサレジアン国際学園高等学校（以下、サレジアン国際学園）。

これまで「本科コース」と「グローバルスタディーズコース」の2コースがありましたが、来春からは併設中学校と同様に「本科クラス」「インターナショナルクラス」へと変更されます。

本科クラスには「研究者のように学ぶ」学習環境があります。

サレジアン国際学園の教育の軸の1つであるＰＢＬ(プロジェクト・ベースド・ラーニング）型授業と、大学のゼミナールのような形式の「個人研究」が特色。

サレジアン国際学園のＰＢＬ型授業は、教員が授業中に生徒に投げかける「トリガークエスチョン」に始まり、定まった正解のない問いに対して、グループ内で生徒が議論しながら、最も論理的な最適解を選び、発表するというものです。この過程を繰り返すことで、論理的思考力や発信力、協働の大切さなどを学んでいきます。

個人研究は、各教員が多様なテーマで開講しているなかから、生徒がそれぞれに興味や関心を持っている講座を選び、その講座に沿った研究テーマを生徒自身が設定して研究を進めていくというもの。同じ講座には中学生もおり、中2から高2の4学年がともに学びあう環境は、学問の探究以外にも、生徒に様々な成長の機会を与えてくれます。

インターナショナルクラスでは、授業だけでなく、ホームルームなど普段の学校生活のなかでもなるべく英語に触れられる環境を整えることで実践的な英語力を養います。

クラス内には2つのグループがあります。

英・数・理・社の4教科を、専門性を持つインターナショナル教員から英語で学ぶ ADVANCED GROUP（以下、ＡＧ）と、週10時間の英語の授業を、インターナショナル教員と日本人教員からチームティーチングで学ぶ STANDARD GROUP（以下、ＳＧ）です。英語の習熟度に応じて、この2つのグループに分かれて学んでいきます。

ＡＧは、西オーストラリア州が採用しているＷＡＣＥカリキュラムを取り入れており、このカリキュラムを通して、国際的な視野を持った人間へと成長することをめざします。

また、サレジアン国際学園に通いながら、日本とオーストラリア両方の卒業資格を取得できる独自のデュアル・ディプロマ・プログラム（ＤＤＰ）で学ぶことも可能です。

ＳＧは本科クラスと近いカリキュラムで総合力を伸ばしながら、英語に関してはオールイングリッシュという環境で英語力を大きく伸ばしていくことができます。

インターナショナルクラスは、すべての学級にＡＧとＳＧの生徒が混成されており、ＡＧの生徒が話す英語にＳＧの生徒は日々接することになります。

「前身のグローバルスタディーズコースは、英語科のみがオールイングリッシュという形でしたが、来春からはインターナショナルクラスとなり、ＡＧの生徒は4教科を英語で学びます。ＳＧは引き続き英語科の

A・B・C：PBL型授業（A）、インターナショナルクラス（B）、本科クラス（C）の授業の様子、D：充実の留学制度　E：新校舎予想図、F：ラーニング・コモンズイメージ図

みがオールイングリッシュですが、学級がＡＧの生徒と同じということで、英語を学ぶ環境はより充実したものになります」と広報部長の尾崎正靖先生は説明されます。

英語力・国際理解力を高める充実の留学制度

インターナショナルクラスはもちろんのこと、本科クラスでも英語教育や国際理解教育に力が入れられているサレジアン国際学園には、それを本場でさらに伸ばすための優れた海外留学制度も用意されています。

「本校の留学制度の特徴の1つとしてあげられるのが、基本的に希望する生徒はだれでも留学できるというところです。期間は3カ月、6カ月、12カ月から選ぶことができ、留学先もアメリカ、カナダ、イギリス、オーストラリア、ニュージーランドから選ぶことができます。12カ月の留学のみ、渡航先はオーストラリアかニュージーランドとなります。

ただ、2つだけ条件があり、1つは高1の3学期から行く形になっているため、最低限進級できる成績は必要という点です。もう1つは、英検®準2級以上を持っていることです。これは、充実した留学生活にしてほしいという思いからです。海外に行ったけれども授業にしっかり参加できなかった、とならないようにしたい、ということです。しかし、本校で学んでいくことで準2級以上の力はつくだろうと考えています。

また、留学しなくても、とくにインターナショナルクラスともなれば、国内留学というぐらいの英語環境になっているという自信もあります」と説明される尾崎先生。

そして、2027年度から使用予定の新校舎も建設中です。

個人研究や自習などに自由に使える「ラーニング・コモンズ」（生徒の学習支援を意図して設けられるスペースなどのこと）や、「サイエンスラボ」（物理・化学・生物の実験室）、食堂の新設など、これまで以上に生徒が過ごしやすく学びを深めやすい環境づくりをめざした作りになっています。

上智大学との高大連携事業が始まったり、コロナ禍で中断されていた世界の姉妹校との交流が再開されていたりと、こちらもサレジアン国際学園らしい取り組みが進んでいます。

前述した英語に限らず、「学びたい」という意欲が高い生徒が満足できる環境があるサレジアン国際学園に、一度足を運んでみませんか？

学校情報〈共学校〉

所在地：東京都北区赤羽台4-2-14
アクセス：JR「赤羽駅」徒歩10分、地下鉄南北線・埼玉高速鉄道「赤羽岩淵駅」徒歩8分
ＴＥＬ：03-3906-7551（入試広報部直通）
ＵＲＬ：https://www.salesian.international.seibi.ac.jp/

受験生対象イベント日程　要予約

学校説明会
9月21日(土)14:00～
10月13日(日)時間未定
10月14日(月祝)時間未定
11月16日(土)14:00～

学校説明会 兼帰国生入試説明会
7月28日(日)
14:00～

※本記事に記載されているサービス名、商品名は各社の商標または登録商標です

城北高等学校（男子校）

学年の枠にとらわれず なんでも話しあえる開放的な生徒会

毎年、東京大学をはじめとする難関国公立・私立大学に多数の合格者を輩出する城北高等学校。全校生徒の意見をくみ上げることで、よりよい学校生活を送れるように活動する、生徒会のみなさんにお話を聞きました。

生徒会主導で取り組む ポロシャツの復活

城北高等学校（以下、城北）の生徒会メンバーは現在、中2～高2までの計5名。選挙によって選出された生徒会長が掲げた公約を実現するため、毎週水曜日の放課後、メンバーが集まり話しあいなど活動を行っています。

２０２４年度の生徒会がいま取り組んでいるのが、夏に制服として着用できるポロシャツの復活です。生徒1人ひとりの声をくみ上げながら、意見をまとめ、アイデアを形にしようと奮闘しています。

「城北オリジナルのポロシャツを復活させるという事案は、前生徒会から引き継ぎました。僕たちの代になりまず取り組んだのが、ポロシャツに入れるロゴマークデザインの全校公募です。4月末で募集を締め切り、ちょうどいま選考中です。今年の秋ごろをめどに決める予定です」と生徒会長の石川文智さん（高1）は話します。

生徒会メンバーでの話しあいによりポロシャツの色はサックスブルーに決定済み。来夏からの着用をめざし、学校側との最後の交渉を進めています。

また、ポロシャツ制作と並行して現生徒会が取り組んでいるのが、学校生活における悩み、学校施設や設備などに関する要望などを洗い出すための、生徒たちのリアルな声を集めるアンケート調査です。みんながよりよい学校生活を送れるようにするために、現在は、アンケート内容の精査などに力を注いでいます。

「生徒会の一員として、できるだけみんなの意見を尊重し、大切にすることを意識して活動を行っています」（森川蓮斗さん・中2）

失敗から多くを学び 生徒のために活動する

全校生徒の意見をできるだけくみ取ったうえで、生徒会メンバーの意向が一致するまで話しあい、まとめた意見や要望は、資料にして校長先生に提出します。プレゼンテーションの機会もあり、校長先生から鋭い指摘を受けることも。とくにポロシャツ制作などお金がかかわる事案には厳しいチェックが入るそう。何度も資料を作り

毎週水曜日の生徒会活動の様子

モロッコ地震の復興支援募金活動

みんなで作る文化祭ポスター

直したり、説得するための材料を集め直したりして、よりよい学校生活の実現のため、何度も粘り強く交渉するのが、生徒会の役目です。

中高生にとって初めての経験も多く、ときには失敗をすることもあります。いまは生徒会長としてほかのメンバーをけん引する立場の石川さんも、校長先生への初めてのプレゼンテーションで、先輩の意見を聞かず資料を準備して大失敗……という経験をしたことがあったそう。それでも、失敗からも多くのことを学び成長しています。

ほかにも新入生向けの部活動紹介の司会など、生徒会の活動は多岐にわたります。現生徒会では学年が一番下の白水奏太さん（中2）は、「生徒会に入るまではもっと堅苦しいのかなと想像していましたが、まったくそんなことはなくて先輩は優しく、いつも明るい雰囲気で楽しいです」と話し、今年生徒会に加入したばかりの山本琥太郎さん（高1）は、「想像していたよりもやることが多くて最初は驚きましたが、どれもいい経験になっています。将来、社長になりたいという夢があるので、大勢の前で話したり、年齢に関係なくみんなで話しあってアイデアを形にしたりする経験は、この先必ず役に立つのではないかと思っています」と笑顔を見せます。

答えのない課題に向きあい 自主性・積極性が身につく

学年の垣根を超えて意見を言いあえる、自由で主体的な活動を大切にする城北生徒会。顧問の先生は困ったときなどのサポート役に徹するので、生徒たちは先生の指示に従って行動するのではなく、自分たちで話しあって活動内容を決めています。

「勉強と違って、生徒会活動はだれかが答えを教えてくれるものではありません。わからないことがあれば自分から調べたり、聞いたりする主体性が求められます。城北に入るまでは人前に立った経験があまりなかったのですが、生徒会で先輩の姿から刺激を受け、積極性や自主性が身につきました。自分でも変わったな、成長できているなと感じます」（石川さん）

個々の役割が大きく、任せられる仕事が多いため、様々な経験を積むチャンスがあるのが城北の生徒会活動です。メンバーの多くはクラブ活動やほかの委員会活動と兼任しており、学校生活を少しでも充実させるため、週に1度集まって意見を出しあっています。今後はよりよい城北を実現させるために、メンバー募集にも注力していく予定です。

最後に読者の方へのメッセージを聞いてみると、「城北は生徒の自主性を大切にしている学校です。そのなかでも生徒会はより自主性が重んじられ、たくさんの経験ができる貴重な場所です。なにより、仲間とのつながりが濃く、勉強やクラブ活動との両立も可能なので、一緒によりよい城北を作ってくれる人に入ってほしいです」と生徒会のみなさんが楽しそうに話してくれました。

生徒が主体的に取り組み、自立し、成長することで希望の大学進学をかなえるための指導を行う城北。型にはまらない自由な発想は、生徒会活動においても尊重されています。

学校説明会（要予約）
8月4日(日)　9月14日(土)　11月2日(土)

校舎見学ツアー（要予約）
7月20日(土)　7月30日(火)　8月15日(木)
8月28日(水)　9月21日(土)など

文化祭(要予約)
9月28日(土)・29日(日)

入試説明会(要予約)
11月23日(土・祝)

※詳細は事前に学校HPにてご確認ください

School Information
所在地：東京都板橋区東新町2-28-1　アクセス：東武東上線「上板橋駅」徒歩10分、地下鉄有楽町線・副都心線「小竹向原駅」徒歩20分
TEL：03-3956-3157　URL：https://www.johoku.ac.jp/

狭山ヶ丘高等学校 埼玉 共学校

吹奏楽部

チームワークを高めて合奏のクオリティーを上げる

狭山ヶ丘高等学校の吹奏楽部は、団結力の高さが魅力です。39人の部員が心を１つにし、いい演奏を披露できるように週６日の活動に励んでいます。

今回紹介してくれたのは

高3 部長 熊給 穂花さん　高3 副部長 池永 楓珈さん　高3 副部長 毛塚 皇輔さん

School information

所在地：埼玉県入間市下藤沢981　アクセス：西武池袋線「武蔵藤沢駅」徒歩13分
TEL：04-2962-3844　URL：https://www.sayamagaoka-h.ed.jp/

年間を通して様々な場で演奏を披露

狭山ヶ丘高等学校（以下、狭山ヶ丘）の吹奏楽部は、30年以上の歴史があり、全日本吹奏楽コンクールで金賞を受賞している実績のある強豪校です。

活動は週に6日間、平日は3～4時間、休日は午前中から夕方まで練習を行います。その練習の成果を発揮する場は多岐にわたり、全国大会につながるコンクールや、定期演奏会、地域のお祭りや保育園を訪れてのイベントなどで演奏を披露します。

「つねに複数の曲を練習して準備するので大変ですが、曲によって雰囲気や練習する際のポイントがまったく異なるので、色々な経験ができて楽しいです」と話してくれたのは、部長の熊給穂花さん。

本番で披露する曲のクオリティーを上げるためには、1人ひとりの技術を高めることが大切で「全員で行う合奏練習以外の時間は、楽器ごとに分かれたパート練習や個人練習に取り組みます」と熊給さん。

吹奏楽は金管楽器、木管楽器といった息を吹いて音を出す管楽器と、打楽器、弦楽器の4種類の楽器が使われています。

楽器ごとに練習の内容も異なり「息を使って吹く管楽器は、音を鳴らすときに必要となる腹式呼吸や、音を長く伸ばす、細かく出す練習などを繰り返します。

また、打楽器は曲の中で1人が複数の楽器を演奏することもあります。自分が得意なものだけでなく、苦手な楽器もうまく演奏できるようにトレーニングします」と、副部長の池永楓珈さんが各パートの練習での取り組みを教えてくれました。

吹奏楽部でただ1人、弦楽器のコントラバスを担当している副部長の毛塚皇輔さんは「コントラバスは片手で弓を持ち、弦との摩擦で音を鳴らします。そして、弓を持っている方と反対の手で弦を押さえて音程をとる楽器です。弓の速度を一定に保って音を長く伸ばしたり、弓を細かく動かす練習をします」と、普段の練習の様子を話してくれました。

こうした練習を毎日繰り返すことで、個人の技術が向上し、最終的に全体の合奏でのレベルアップにつながるといいます。

さらに、合奏でいい音を奏でるためには、チームワークをよくすることも欠かせません。

部長、副部長と各パートリーダーを合わせた執行部員が中心となって部をまとめます。

大会を控えた7月には校外合宿があったり、春には花見、冬にはクリスマス会を開いたりと、楽しみながらチームワークを磨く機会も設けられています。

中学時代から吹奏楽部に所属していた熊給さんらのように、39人いる部員は経験者が多いものの、高校に入ってから始めるという人も珍しくありません。実際に、今年の高2は高校から吹奏楽部に入ったという人が半数ほどいるそうです。

池永さんが「中3のときに参加した部活動体験で、先輩たちがとても優しく教えてくれたことが入部のきっかけになった」と話すように、初心者や高1に対して、上級生が丁寧に指導してくれるのが狭山ヶ丘の吹奏楽部の特徴です。

個人練習の時間には、上級生が下級生につきそい、わからないところは親身になって指導をしてくれます。

最初のうちは全体合奏で演奏できる技術が足りていなくても、練習に参加して上級生たちの演奏音を聞き、譜面を読むだけでも学びが多く、ぐんぐんと力をつけます。

弦楽器

吹奏楽で弦楽器はコントラバスのみ。金管、木管楽器などの管楽器と違い、弓を使って演奏します。

金管楽器

トランペット、ホルン、トロンボーンなど。金属製のマウスピースを使用し、唇を震わせて音を出す楽器をさします。

打楽器

スネアドラム、ティンパニ、シンバルなど。種類は様々で、1人が複数の打楽器を演奏することが多いです。

木管楽器

フルート、クラリネット、オーボエなど。木製の楽器だけでなく、フルートやサックスといった金属製の楽器も含まれています。

校外合宿

まるひろ文化祭

定期演奏会
©フォトクリエイト

入間茶祭り

定期演奏会やコンクール、学校行事での催しや地域のイベントなど、1年間を通して多くの演奏機会があります。夏には校外で合宿も行います。

写真提供：狭山ヶ丘高等学校　※写真は過年度のものも含みます

このように、初心者でも日々練習に取り組むことで、高1からコンクールの出場メンバーに選ばれることもあるなど、成長しやすい環境が整っているといえるでしょう。

個人でもチームでも成長を感じられる環境

狭山ヶ丘の吹奏楽部では一生懸命に練習に取り組むからこそ、自分自身の成長を感じることや、達成感を味わうことができます。

「少人数のグループを作って行うアンサンブルコンサートが、毎年2月ごろに校内で開催されます。合奏と違って人数が少なく、1人ひとりの責任が、より大きくなるなか、やりきれたことで成長を感じました」（池永さん）、「副部長になったことで、部員とコミュニケーションを取ったり、自分の思っていることを具体的に言語化して相手に伝えたりすることの重要性を感じ、そのための行動がとれるようになりました」（毛塚さん）、「昨年訪れた保育園でのイベントでは、園児が喜んでくれる演出や曲、MCトークなども考えました。それを園児が楽しんでくれる姿に、やってよかったなと思いました」（熊給さん）と、3人は、やりがいを得られたときや、成長を感じた思い出を振り返りました。

高3の残りの活動期間は約2カ月間。「コントラバスでの自分の役割を果たす」（毛塚さん）といった個人の課題の目標を達成することに注力するのはもちろん、「ほかの部員が持っているエネルギーを最大限に発揮」（熊給さん）できるように部全体を引っ張り、目標の吹奏楽コンクール西関東大会出場をかなえられるよう、全力で駆け抜けていきます。

勉強　先輩からのアドバイス　受験

高3
熊給 穂花さん　池永 楓珈さん　毛塚 皇輔さん

Q狭山ヶ丘の魅力はどんなところですか。

熊給さん：自学自習の習慣が身につく環境が整っているところです。施設では特別自習室が気に入っています。平日は21時まで、休日も1日中使用でき、つねに勉強できる環境が整えられています。私は部活動を19時まで行ったあと、特別自習室で勉強することが多いです。

池永さん：年中無休で開いているので、特別自習室にはお正月に行く人もいるそうです。私は、部活動のことや勉強のことで悩んだときに、親身になって相談に乗ってくれる先生がいるのが魅力だと思います。

毛塚さん：朝ゼミや放課後ゼミなどが定期的に開催されています。先生方がわかりやすく教えてくださるので、私も活用しています。

Q日ごろの勉強で工夫していることはありますか。

毛塚さん：まずは授業内で理解できるように集中しています。また、自宅に帰ったらスマートフォンを開くのではなく、単語帳を開いたり、その日の授業のノートを見返したりすることを心がけています。

池永さん：狭山ヶ丘は4駅からスクールバスが出ており、それを利用しています。私はそのバスに乗っている時間も有効活用して勉強に励んでいます。

熊給さん：週6日の部活動との両立を考えると、勉強にあてられる時間はそう多くないので、1週間から1カ月くらいの学習スケジュールを立てて、1日に取り組むべきノルマを設定しています。そうすることで、最低でもここまでは今日のうちにやろうと、ムダな時間を過ごすことがなくなりました。

Q最後に、読者へのメッセージをお願いします。

熊給さん：受験は苦しいことも多いですが、人生で見ると1つの通過点です。あまり気負いすぎず、自分の身体をいたわる時間も大切にしてほしいです。

毛塚さん：私の受験期を振り返ると、部活動を引退してから喪失感があり、惰性で過ごしてしまった期間がありました。受験は自分の将来を決める大切な出来事。しっかりと自分と向きあう時間を作り、受験期間を過ごしてください。

池永さん：私は吹奏楽部に興味を持って狭山ヶ丘を受験しました。みなさんもなにかにひかれて志望校を決めていると思います。その、いいなと感じたところを思い浮かべて、ここに入りたい、という気持ちを強く持てば、それが勉強のモチベーションになります。一方で、勉強ばかりになりすぎず、学校の行事も楽しんでほしいです。その思い出を作れるのは一生に一度きりですから。

悩み解決！
高校を選ぶ❷

学校選択のためのポイント

「中2の終わりには志望校が決まっていることが大事」と言われている人、いますよね。しかし、受験学年の中3生のみなさんでも、夏休みを控えたいま、「まだ絞り込めていない」という人も多くいるのではないでしょうか。実際に卒業生の話を聞いても「学校説明会で学校を見てから志望が固まった」という人が多いのが現状です。そこで今回は、これから本格的に学校選択を始めようとするときに知っておいてほしい基礎知識とポイントをまとめました。

悩み解決！
高校を選ぶ❷

学校選択のためのポイント

各都県で異なる内申点の扱い

自分に合った学校を選ぶにはこんなことに注目しよう

高校を選ぶ物差しはいくつかありますが、入学試験がある以上、やはり、学力が大きなポイントになります。

学力が一定以上あれば、希望する高校に進学するチャンスは大きく広がるのです。

その場合、まずは内申点が重要になります。「入試当日の筆記試験の結果のみ」で合格者を決める、という高校はごく一部の私立校です。それ以外の、どの高校をめざすにしても、進路選択の幅を広げるためにも、内申点をしっかり取っておく必要があります。また、内申点の計算方法や、「学力検査：調査書の内申点」の比率などは、各都県、また各高校でそれぞれ大きな違いがあります。教育委員会や各校のホームページなどで確認してください。

内申点を上げるためには、定期テストの成績はもちろん、授業への積極的態度、提出物の期限を守るといった基本的な姿勢が大切になります。

それぞれ得意・不得意がある実技教科にしても、実技が苦手であっても、真剣に取り組んでいるか、先生の話をよく聞いているか、そして、それが評価される定期テストにもきちんと解答できていれば、一定の評価が期待できます。

東京都立高校の場合、実技4教科の内申点は、それぞれ倍に計算されます（国・数・英・社・理の5教科はそのままです）。

＼まず意識したい／ **内申点**

Point 1 定期テストの成績

＋

Point 2 授業への積極的態度

＋

Point 3 提出物の期限を守る

など

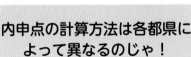

内申点の計算方法は各都県によって異なるのじゃ！

共学校に向いているのか 男子校・女子校がいいか

自分に合った学校を探すのに、学校の校種や特徴でみていく方法があります。「国立・公立校か、私立校か」、「共学校か、男子校・女子校か」また「進学校か、大学附属校か」など、学校の特徴をふまえてアプローチしていく方法です。

私立校はそれぞれ独自の教育理念で教育を行っていますので、その校風に合えば、とても充実した3年間を送ることができるでしょう。国立校や公立校も各校に特色はありますが、国や都県の方針に準じた指導が意識されています。

共学か否かについては、学校行事などの生活面や、異性の有無が勉強や部活動への積極性などに影響することもあります。

私立校と公立校の授業料など学費の格差は、近年就学支援金が充実して、授業料無償化の波が私立校にも押し寄せ、大きく縮まっています。

進学校は系列の大学を持たず、様々な大学への進学を応援している学校です。

大学附属校は卒業生の多くが系列の大学に進む学校です。そのような附属校は、難関大学の系列校が多く、大学受験を意識することなく3年間を送ることができます。

また、大学附属校のなかには、系列大学に進学する生徒が少なく、他大学受験に力を入れている学校があります。これらは「半進学校」や「半附属校」と呼ばれています。

学校の特徴に分けて考えてみよう！

共学校 or 男子校・女子校

国立 or 公立 or 私立

進学校 or 大学附属校

それぞれの強みをふまえて考えるのがポイントじゃ！

学科の様子や入試のシステムはこんなことにも目を向けたい

● 学科・コース

高校の学科やコースも研究しましょう。

学科は大きく分けて、普通教育を主とする普通科をはじめ、工業や商業、福祉、看護、水産、情報など専門教育を行う専門学科、普通科と専門学科の両方の要素を持つ総合学科があります。

さらに調べておきたいポイント

大学進学を目標としている多くの生徒は普通科に進んでいます。

2022年度から、普通教育を主としつつ、普通科以外の内容も扱う学科を設置できるようになりました。普通科単位制と呼ばれる学校がそれで、国際系・外国語系学科、理数系学科などがあり、普通科に近しい内容ながら専門性に優れ、具体的な将来の目標を持つ生徒に人気があります。これらは専門学科とは呼ばれません。

普通科単位制では進路が限定される傾向がありますので、在学中の進路変更は難しいことも特記しておきます。

私立校には、コースが様々にありますので、学校説明会などでよく吟味することが大切です。進学後にコース変更するのは、カリキュラムが違うので難しくなります。

● 入試の方法と入試科目

入試の方法では、学力試験一本という学校や、調査書の内申点と面接という学校、作文・適性検査等（ここでいう適性検査とは私立校の推薦入試のなかで、参考として実施されるもので実際には筆記試験に近いものです）も課すなど、その方法は学校により、また入試回により様々です。

公立校受検では、内申点がとくに重要になります。内申点と学科試験の得点配分は、都県や学校によって違いがあります。

受けようと思う学校の入試科目も要チェックです。入試科目は3教科（国・数・英）なのか、5教科（国・数・英・社・理）なのか、面接の有無なども調べましょう。

社・理の得手・不得手がポイントになりますが、いまからなら十分に対策できます。

私立校は3教科入試が主流ですが、最近は難関校で5教科を課す学校が増えています。

● 部活動・学校行事・校風

高校では勉強ばかりでなく、充実した学校生活が送れることも大切です。部活動や行事はそのためにとても重要です。

受験しようとする学校にどんな行事、部活動があるのか、自分が積極的に取り組めるかどうかをよくチェックしましょう。

行事や部活動から学校の雰囲気もうかが

悩み解決！高校を選ぶ❷

学校選択のためのポイント

えます。一般的に公立校は、文化祭や合唱祭などの行事でとても盛り上がります。反対に私立の進学校は、公立校に比べ行事の準備期間は短い傾向があります。

伸びのびとしていて、生徒の自主性を重視する学校、規律を重視した指導を行う学校など、それぞれの校風があり、それを生み出す教育理念や教育方針があります。

どちらがよくて、どちらが悪いということではありません。自分の性格に合う学校を選ぶことが重要です。

自分を律することができる人は、伸びのびとした学校でも大丈夫でしょうが、その自信がなければ、面倒見がいい学校の方が合っているかもしれません。

● 大学進学実績

「大学進学実績」を公表している学校の場合は、その高校の大学進学に対する意気込みが数字から読み取れますが「大学合格者数」の場合は注意が必要です。

私立大学はいくつもの大学、学部を受験できますので、1人が何校にも合格している可能性があります。

そこで注目すべきは、国公立大学の合格者数です。こちらは基本的に1大学しか受けられません。国公立大学は大学入学共通テストでたくさんの科目を受験する必要があるため、高校側がしっかりと対策をしているかどうかもわかります。

大学附属校は、系列大学への進学は容易ですが、将来希望する学部が、系列大学にはないことがあとでわかり困った、ということも起きています。そのリスクをふまえ、よく調べることが重要です。

中高一貫校に高校からの入学を希望する場合には少し注意が必要です。高校入試を認める学校は年々少なくなっています。事前に難度を調べることをおすすめします。

● 交通アクセスや立地条件

これから学校説明会やオープンスクールに行く機会が増えてくるでしょう。そのときは、実際の交通アクセスの状況や通学時間を確認し、体感してみることが大切です。

ただ学校説明会などは土曜日の午後や日曜日が多くなります。実際の通学は平日のラッシュ時になることも頭に入れておきましょう。

入学すれば3年間毎日通うことになります。無理のない通学が優先事項です。学校の最寄り駅からの通学路も歩きながら確認しましょう。

学校の近くに図書館やコミュニティセンターなどがあれば、そこも学習の場と考えることもでき、プラス材料となります。

これらの点に着目して
自分に合った高校を
見つけるのじゃ！

わたしらしく世界を彩る

2024年度大学入試合格実績

● 国公立大	11名
● 早慶上智理	22名
● GMARCH	27名
● 三大女子大	18名
● 海外大	5名

2024年度 学校説明会日程

- 夏休み学校見学会　8/3(土)　8/4(日)
- オープンスクール　8/24(土)
- 高校学校説明会　7/28(日)　9/28(土)　10/26(土)　11/23(土・祝)　11/30(土)

※すべてWeb予約が必要です。

佼成学園女子高等学校

東京都世田谷区給田2-1-1　☎03-3300-2351　https://www.girls.kosei.ac.jp/

【アクセス】京王線「千歳烏山駅」徒歩5分　小田急線「千歳船橋駅」から京王バス15分「南水無」下車

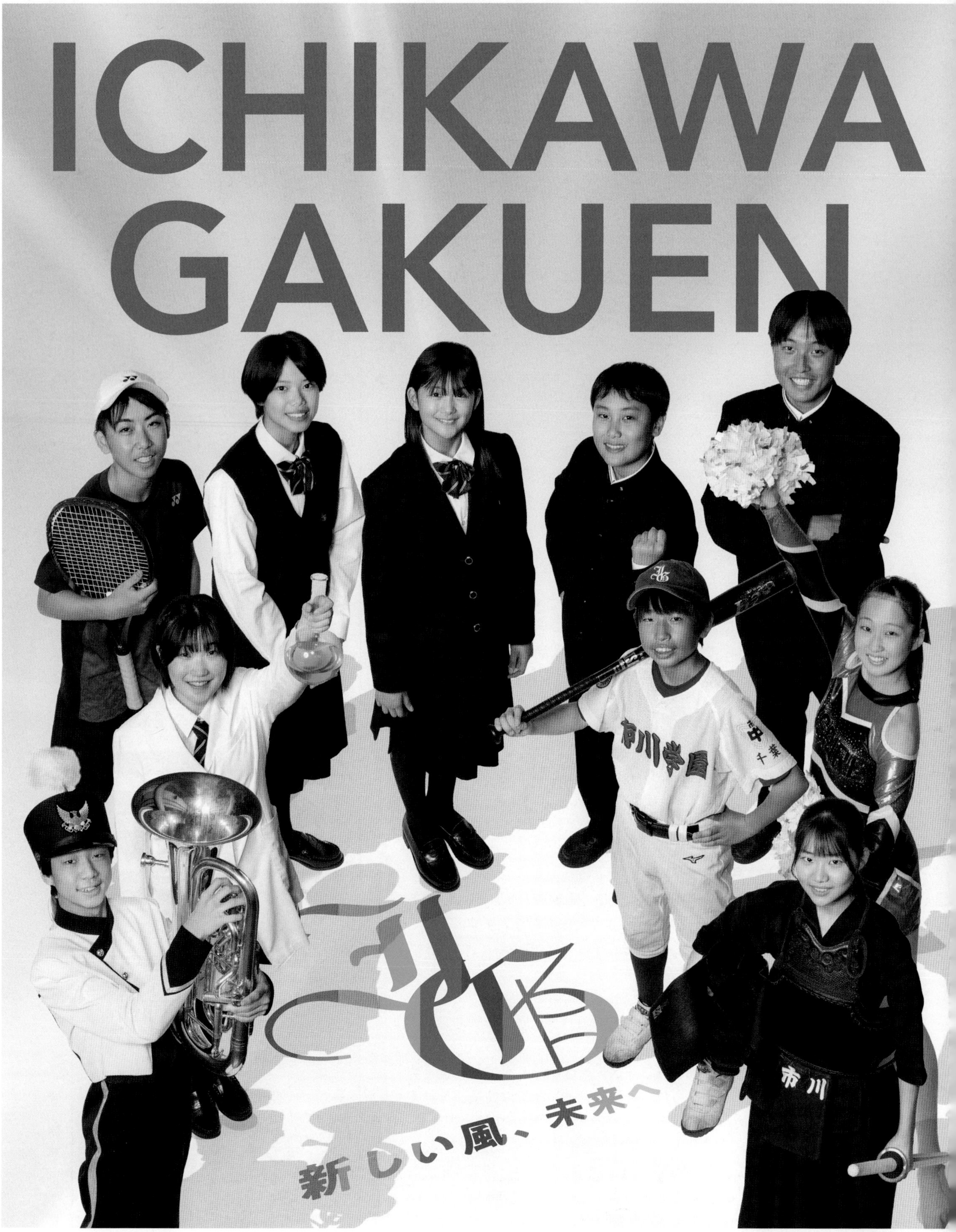

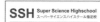

今回は5月までに発表された首都圏公立高校の2025年度入試日程をまとめます。東京都立高校は普通科の定員について男女合同選抜となって２年目、神奈川県公立高校も「全員面接」が廃止になるなど、入試システムが改められて２年目の入試です。ただし詳細は、９月以降の発表となりますので注意が必要です。

入試日程

東京都立　（全日制）

推薦に基づく選抜
［出願期間］ 2025年１月９日（木）～16日（木）
※インターネット出願については出願期間を別途定める（出願時に郵送受付、窓口受付になるかなども含めて、詳細は９月に発表）。
［入試日］ １月26日（日）、27日（月）
［合格発表］ １月31日（金）
※都立国際高校における国際バカロレアコースの入学者選抜についても上記日程で実施する。ただし、入学願書は学校へ持参することとし、出願受付期間は１月21日（火）、22日（水）。

学力検査に基づく選抜
◆一次募集（分割前期）
［出願期間］ 2025年１月30日（木）～２月５日（水）
※出願の詳細に関しては、上記「推薦に基づく選抜」同様、詳細は９月までに発表。
［学力検査］ ２月21日（金）
［合格発表］ ３月３日（月）
※本誌締め切り（６月18日）までに **［追検査］** 実施の発表はありませんでしたが、今後の状況により発表もありえます。
◆二次募集（分割後期）※入学願書は窓口への持参により受付
［出願期間］ 2025年３月６日（木）
［学力検査］ ３月11日（火）
［合格発表］ ３月14日（金）

◇

都立高校全日制普通科（コース・単位制除く）では、長く男女別に募集人員が決められ、男子は男子、女子は女子、それぞれで合否が決められてきました。その後、段階的に男女合同選抜が試行され、2024年度入試では、全校で男女合同選抜を実施、男女に分けることなく成績順に合否を決めました。2024年度の結果について、男女別の志願者数や合格者数は未発表ですが、東京都教育委員会は男女別定員撤廃が入試結果に影響したかについて「受検者数や倍率に大きな変化は見られなかった」と説明しており、2025年度も男女合同選抜で行われる予定です。

受験生のための
明日へのトビラ

首都圏公立高校　2025年度

埼玉県公立　（全日制）

［出願入力期間］ 2025年1月27日（月）～2月10日（月）※インターネット活用での出願
［出願書類の提出期間］ 2月13日（木）、14日（金）、17日（月）※13日は郵送による提出
［志願先変更期間］ 2月18日（火）、19日（水）
［学力検査］ 2月26日（水）
［実技検査（芸術系学科等）、面接（一部の学校）］ 2月27日（木）
［追検査］ 3月3日（月）
［合格発表］ 3月6日（木）
［留意事項］
※追検査はインフルエンザ罹患をはじめとするやむを得ない事情により学力検査を受検できなかった志願者を対象とする。
※欠員補充の日程および内容については、実施する高等学校において定める。

千葉県公立　（全日制）

［出願期間］ 2025年2月4日（火）～6日（木）
［志願先変更期間］ 2月12日（水）、13日（木）
［学力検査］ 2月18日（火）、19日（水）
※第1日に3教科（国語、数学、英語）の学力検査（国語および数学は各教科50分、英語は60分、各教科100点）を実施。第2日に2教科（理科・社会）の学力検査（各教科50分、各教科100点）および学校設定検査を実施。
［追検査受付］ 2月21日（金）、25日（火）
［追検査］ 2月27日（木）
［合格発表］ 3月4日（火）
※追検査の対象：検査当日に感染症罹患等のやむを得ない理由により本検査を全部または一部受検することができなかった者。

神奈川県公立　（全日制）

［志願情報申請期間］ 2025年1月23日（木）～29日（水）
※インターネットにて受付
［中学校長承認期間］ 1月23日（木）～30日（木）
［志願変更情報申請期間］ 2月4日（火）～6日（木）
※インターネットにて受付
［中学校長承認期間］ 2月4日（火）～7日（金）
［共通検査（学力検査等）］ 2月14日（金）
［特色検査・面接］ 2月14日（金）、17日（月）、18日（火）
［追検査］ 2月20日（木）
［合格発表］ 2月28日（金）

◇

2025年度入試では、募集期間として［**志願情報申請期間**］と［**中学校長承認期間**］の2項が示されるようになりました。ここで、その意図を説明します。

神奈川県公立高校全日制の出願は、2024年度入試からインターネットで受けつけるようになりました。

受検生はまず［**志願情報申請期間**］の期間中に出願サイトで「志願情報」を作成、所属中学校の担任の先生に向けて「志願情報の申請」を送信し受検料を納付。担任の先生が志願情報に誤りがないか確認し、所属中学校の校長先生が［**中学校長承認期間**］に承認することで志願手続きが完了します。

志願後、志願先を変更したい受検生は、県内の他校に志願先を変更できます。これも同じ出願サイトで出願時と同様に行い、担任の先生に確認してもらい、中学校長の承認で変更となります。

どちらも出願最終日に申請した場合に、中学校長の承認に時間が必要なことからトラブルも考えられ、2025年度入試からは［**中学校長承認期間**］を申請期間より1日長く設けることになったものです。

背景に、煩雑さを避けるため中学校が独自に志願先変更期間を前倒しすることがあり、公平さを欠いているとの批判があったことも影響している、との見方があります。

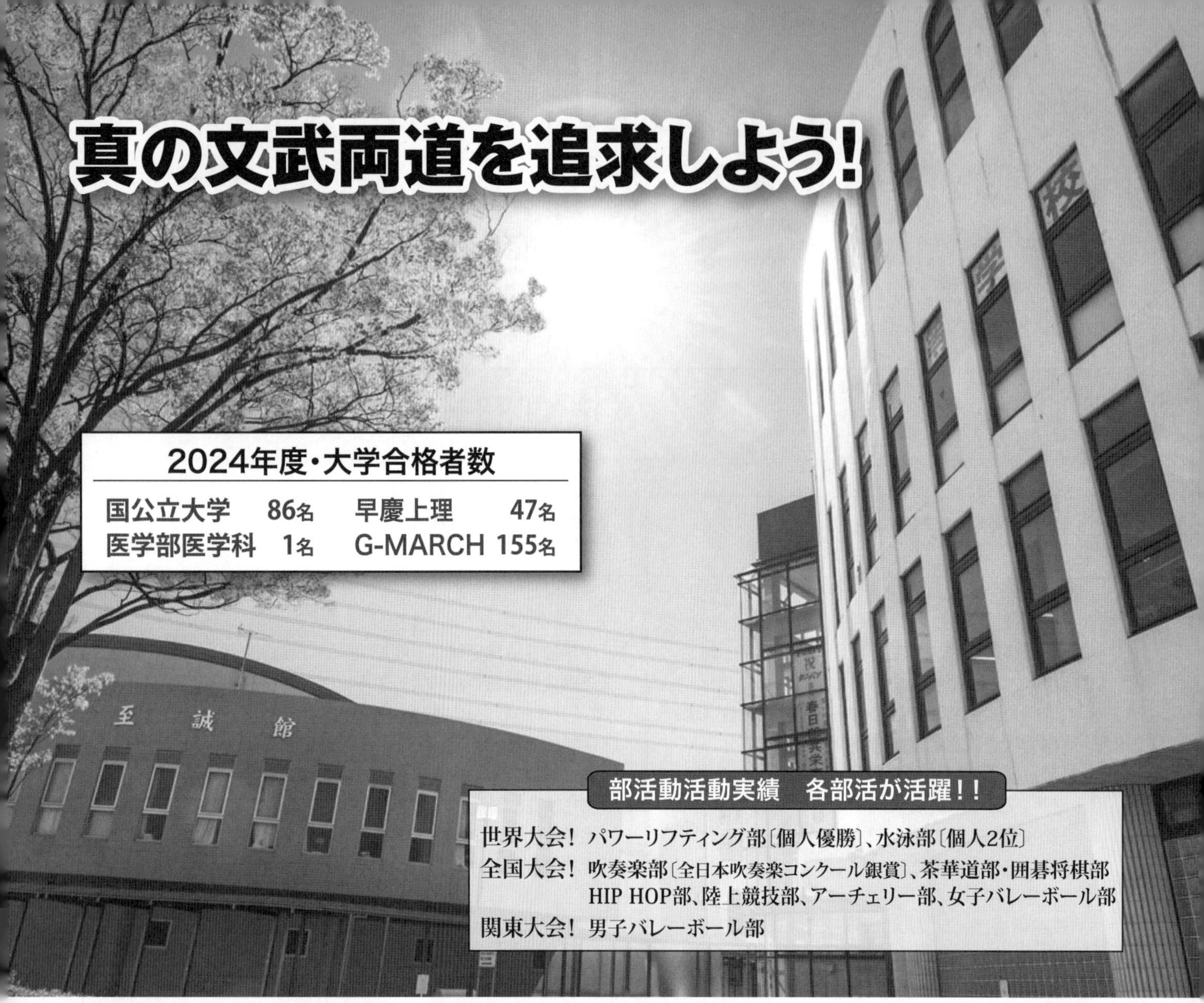

真の文武両道を追求しよう!

2024年度・大学合格者数

国公立大学	86名	早慶上理	47名
医学部医学科	1名	G-MARCH	155名

部活動活動実績　各部活が活躍!!

世界大会! パワーリフティング部〔個人優勝〕、水泳部〔個人2位〕
全国大会! 吹奏楽部〔全日本吹奏楽コンクール銀賞〕、茶華道部・囲碁将棋部 HIP HOP部、陸上競技部、アーチェリー部、女子バレーボール部
関東大会! 男子バレーボール部

学校説明会

9月14日(土) 10:00～11:30
入試説明会
10月20日(日) 10:00～11:30
学校見学会
11月17日(日) 10:00～11:30
入試説明会

個別相談会

9月21日(土)　10月13日(日)
10月26日(土)　11月23日(土祝)
11月30日(土)　12月15日(日)
12月21日(土)
(全日程 9:00～12:00、13:00～15:00)

ナイト説明会

9月18日(水) 19:00～20:00
越谷コミュニティセンター
(新越谷駅、南越谷駅より徒歩3分)

学校説明会、個別相談会は、登録制となっております。ホームページよりご登録、ご予約をお願いします。
本校実施の学校説明会、個別相談会では、春日部駅西口よりスクールバスを用意させていただきます。

春日部共栄高等学校

〒344-0037 埼玉県春日部市上大増新田213　TEL.048-737-7611
東武スカイツリーライン／東武アーバンパークライン 春日部駅西口からスクールバス10分
https://www.k-kyoei.ed.jp

お役立ちアドバイス！

受験生へのアドバイス

学校説明会で最近よく聞く「PBL」ってなんのことだろうかと心配している受験生へ。

高校の「総合的な探究の時間」などで取り入れられている学習方法です。きっと楽しみながら学習を進められると思います。

Advice

本誌４月号の本コーナーで紹介した高校の「総合的な探究の時間」で、多くの学校が用いている学習方法が「PBL」です。

PBLは日本語で「問題解決型学習」または「課題解決型学習」といい、探究の授業などで世界中の様々な課題のなかから自分の興味関心のある課題を見つけて、それを解決するために調査、分析、研究などに取り組むものです。１人で行う場合も、グループで行う場合もあります。アクティブラーニングという言葉を聞いたことがあるかもしれませんが、これはグループでPBLを進めるときの１つの学習スタイルです。

PBLの場合、先生から教科書に則った授業を受けることはなく、自分自身で、またはグループで課題を見つけるための調査をしたり、課題を解決するための知識を身につけたりしなければならないので、自然と主体的に学んでいく力が身についていきます。

どの高校でも探究学習に力を入れていますので、きっとみなさんもPBLを体験できるでしょうから、それを楽しみにして受験勉強を進めてください。

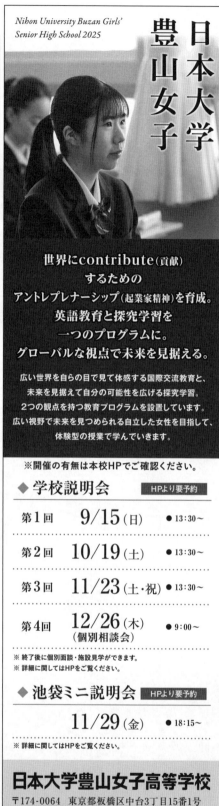

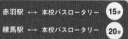

知って得する

保護者へのアドバイス

塾に通い始めるのが周りよりも遅かったので大丈夫だろうかと心配されている保護者の方へ。

中3になってから入塾する生徒にもしっかり対応できるカリキュラムが組まれていますので安心して通わせてください。

Advice

周りには中学校に入学したころから塾に通い始める人もいるでしょうから、入塾時期が遅くなると心配になる保護者の方も多いと思います。

確かに、早くから塾で勉強を始めるメリットは小さくありません。ただ、それぞれご家庭の事情もあり、また、本格的に受験勉強を始める時期や塾に通い始める時期は様々ですから、過度に心配しなくても大丈夫です。

例えば、部活動に熱中しているお子さんの場合、引退する時期は中3の夏ごろになるケースも多く、その場合、入塾するのは夏以降ということもありえます。

塾では、入塾時期に合わせて、それまでの復習を繰り返しながら志望校合格のための学力を培えるようなカリキュラムが構築されていますから、それに沿って受験勉強を進めましょう。

もちろん早めに高校受験に向けて準備をすることの意義は大きいものです。しかしいずれにしろ大切なのは、入試直前まで諦めることなく勉強を続けていくことです。

JOSHIBI

行事予約ページ

本校最大イベント！！

女子美祭

中高大同時開催

10月26日（土）・27日（日）

各日10：00～17：00

※ミニ説明会　併催

高等学校作品講評会

9月 28日（土）
12月　7日（土）

中学3年生対象 夏期講習会

7月22日（月）
23日（火）

学校生活や部活紹介あり♪

女子美なんでも質問会

11月16日（土）

中学3年生対象 秋の実技講習会

11月3日（日・祝）

"美術が好きな人" あつまれ！
"図工が好きな人" あつまれ！

美術のひろば

8月2日(金)・3日(土)

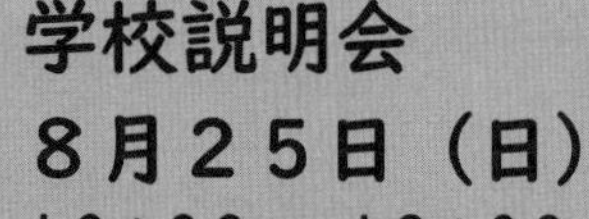

学校説明会

8月25日（日）

10：00～、12：00～

※ライブ配信あり
※高校説明会　併催

公開授業

9月28日（土）
11月16日（土）

各日　8：35～12：40

ミニ学校説明会

12月7日（土）
1月11日（土）

中学　14：00～
高校　16：00～

卒業制作展以外は全て予約制・上履き不要です

http://www.joshibi.ac.jp/fuzoku

〒166-8538 東京都杉並区和田1-49-8

［代表］TEL:03-5340-4541 FAX:03-5340-4542

魅力に迫る

東洋大学京北高等学校

とうようだいがくけいほく

■ 東京都　文京区　共学校 ■

様々な力を身につけ 主体的な姿勢で大学受験に臨む

東洋大学京北高等学校は、近年大学合格実績を伸ばしている学校の1つです。その要因はどこにあるのか、2人の先生に伺いました。

授業を真剣に聞く東洋大京北生

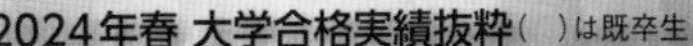

2024年春 大学合格実績抜粋（ ）は既卒生

大学名	合格者数	大学名	合格者数
東北大学	2（0）	東京理科大学	11（2）
北海道大学	3（0）	明治大学	28（1）
筑波大学	1（0）	青山学院大学	13（0）
千葉大学	3（0）	立教大学	27（1）
東京医科歯科大学	1（0）	中央大学	26（0）
東京農工大学	1（0）	法政大学	36（1）
電気通信大学	3（2）	学習院大学	15（0）
東京海洋大学	1（0）	津田塾大学	4（0）
東京都立大学	1（0）	東京女子大学	12（0）
弘前大学	1（1）	日本女子大学	4（0）
早稲田大学	7（0）	同志社大学	3（0）
慶應義塾大学	3（1）	立命館大学	3（0）
上智大学	4（0）	関西学院大学	1（0）

3つの教育の柱で 生徒の希望進路をかなえる

「哲学教育（生き方教育）」「国際教育」「キャリア教育」の3つを教育の柱とする東洋大学京北高等学校（以下、東洋大京北）。同校はその名が表す通り、東洋大学の附属校であり、附属校推薦入学枠も用意されています。その一方で、高1から難関大学の受験を前提とする「難関進学クラス」と、東洋大学への進学を含め、多様な可能性を探る「進学クラス」を設置し、様々な進路選択に対応できる体制を整えています。

進路指導部長である湯澤貴通先生は「大学受験のカギは高1の1年間です。授業や探究学習を通じて、学びをどのように社会に還元できるのかイメージがつかないなりに迷い、悩む1年間となるはずです。進路指導部では、教科学力の伸長に加え、汎用的な技能である『ジェネリックスキル』を測る『学びみらいPASS』で個々の特性を可視化し、年3回の進路面談で生徒に寄り添います。高1において、社会と結びつくそれぞれの目標を見つけていきます」と熱く語ります。

高2・高3は文系・理系に分かれて学びを深めていきます。東洋大学の附属校と聞くと、文系学部への進学に強いイメージがあるかもしれませんが、同校は理数教育も強化しており、他大学の理系学部への進学も含めしっかりとサポートしています。

昨年度、高3生を受け持った大原紘先生は「自ら決めた目標を諦めることなく合格をつかみ取りにいくという主体的な姿勢が重要なのだと実感しました。我々教員の役割は、そんな生徒を全力で応援することです。『進学クラス』の生徒も『難関進学クラス』に負けない頑張りをみせ、高みをめざしていることが、大学合格実績の伸長につながっているのを感じます」と話します。

2024年春の大学合格実績は国公立大学19名、早慶上理25名、G-MARCH145名（その他有名大学多数）。この結果には、先生方の言葉通り、東洋大京北生が持つ主体性が関係していると考えられます。

そして、その主体性は「キャリア教育」と並ぶ「哲学教育（生き方教育）」と「国際教育」によって養われています。高2の「倫理」の授業や全員が取り組む「哲学エッセーコンテスト」、留学生との交流、アメリカやアイルランド、オランダを訪れる海外研修など、多彩な学びを通じて幅広い視野を持ち、物事を多角的に深く考えられる力が培われていきます。それらの力を身につけた自信が様々なことに積極的に取り組む姿勢につながっているのでしょう。

「3つの柱を軸としながらも、よりよい教育をめざし、変化を続けている学校です」と先生方が話されるように、これからがますます楽しみな東洋大京北です。

入試イベント

※日程は変更の可能性があります

オープンスクール 要予約
7月20日 土　8月24日 土
両日とも13:00～17:00

学校説明会 要予約
7月27日 土 13:30～15:00
9月14日 土 15:00～16:30
10月26日 土 15:00～16:30
11月30日 土 15:00～16:30

京北祭
9月21日 土　9月22日 日祝
10:00～15:00

SCHOOL DATA

所在地 東京都文京区白山2-36-5
アクセス 都営三田線「白山駅」徒歩6分、地下鉄南北線「本駒込駅」徒歩10分、地下鉄丸ノ内線「茗荷谷駅」徒歩17分、地下鉄千代田線「千駄木駅」徒歩19分
TEL 03-3816-6211
URL https://www.toyo.ac.jp/toyodaikeihoku/hs/

共栄学園高等学校〈共学校〉

学び方を選択しながら自分の足で夢をめざす

今年度からコースを改編、放課後の探究活動も始動させた共栄学園高等学校。改革の狙いについて、広報部長の増村薫先生にうかがいました。

生徒の夢をあと押しする新たな5つのコース

「知・徳・体」の調和がとれた全人的な人間育成を目標としている共栄学園高等学校（以下、共栄学園）。同校では今年度から新たなコース制を開始するとともに、放課後にコースごとに探究活動に取り組む「K-チャレンジ」をスタートさせました。

コースには、時代の最先端を切り拓くリーダーを育成する「未来探究コース」、将来的に英語を使って世界で活躍することをめざす「国際共生コース」、理数系・技術系の知識を磨き、研究者として働きたい生徒向けの「理数創造コース」、幅広く学び新しい価値を創造する力を養う「探究特進コース」、基礎学力を固めつつ思考力や判断力、表現力を磨く「探究進学コース」の5つを用意。生徒は受験時にコースの選択を行います。

「希望進路や将来の方向性が定まっている生徒には、彼らがすでに持っている得意なことや興味関心をさらに伸ばしながら夢に向かっていけるような環境を用意しました」と語るのは、広報部長の増村薫先生です。

最難関国公立大学、難関私立大学現役合格をめざす未来探究コースでは発展的な学習に取り組むほか、高3に自由選択科目を多く設定しており、授業の範囲内で無理なく志望校の入試形式に対応した学習を進められます。国際共生コース・理数創造コースでは、高1の段階からそれぞれ文系・理系に特化したカリキュラムを編成。年間の授業数34コマのうち、高1の時点で国際共生コースは文系科目が20コマ、理数創造コースは理数科目が13コマ設けられており、入学してすぐの時期から徹底的に自分の「好きなこと」に向きあいながら知識を深められます。

「探究特進コース・探究進学コースでは、授業で取り組む学びや体験を通して、人生の視野を自然と広げられるようカリキュラムを設定しました。将来について考えたことのなかった生徒も、色々なものに触れることで将来像を膨らませてほしいです」と続ける増村先生。両コースではバランスよく基礎学力を身につけつつ、総合的な探究の時間を活用し、普段かかわることの少ない職種の人々と触れあったり、施設を見学したりする機会が設けられています。

加えて大学の推薦入試に向けたコミュニケーション能力・プレゼンテ

ーション能力を磨く取り組みや、「プログラミング」「調理栄養」「保育実践」（探究進学コース・高3）など実践を交えて専門分野を学ぶ授業も用意されており、思い描いた進路を実現するための選択肢を豊富に用意している点も魅力の1つでしょう。

最近3年間の合格実績

国公立大学		私立大学	
東京外国語大	東京海洋大	早稲田大	立教大
筑波大	千葉県立保健医療大	慶應義塾大	中央大
千葉大	静岡大	東京理科大	法政大
東京都立大	水産大学校	明治大	学習院大
横浜国立大		青山学院大	

その他、医・薬・看護・国際関係など多彩な学部に多数合格
文理に特化したコースが加わることで、実績もさらに伸びていくでしょう

主体的に学ぶ姿勢を育む探究活動「K-チャレンジ」

共栄学園ではコース改編とともに、今年度から授業時間を45分に短縮、一部コースで実施されていた7時限目を廃止して、放課後に探究活動へ取り組む「K-チャレンジ」（月・火・木・金）を開始しました。

コースごとにプログラムが複数用意されており、未来探究コースではChatGPTに代表されるAIの扱い方を学ぶ「AIチャレンジ」、国際共生コースでは留学生とイベントを企画・実現する「Power in ME」、理数創造コースではレゴ®ブロックで作られたロボットをプログラミングで動かす「レゴエデュケーション」【右ページ写真】、探究特進コース・探究進学コースでは設定された課題の解決をめざす「課題探究」などが実施されます。所属するコースのK-チャレンジに取り組みつつ、開講日が重複していなければ、他コースの活動にも参加できます。

コースとともに制服もリニューアルされています

「通常授業のカリキュラムでは、コースごとに学べる分野や専門性に違いを出しました。一方、K-チャレンジでは他コースのものにも自由に取り組めるので、生徒は学びの幅を自分で広げられるようになっています。もちろん、他コースのものに参加しなくとも問題はありません。そういった生徒は部活動開始までの間、教室で勉強を教えあったり、自習室でチューターに質問をしたり、時間を有意義に活用しています。

通常授業の時間こそ減りましたが、生徒は切り替えを意識しながらより1コマ1コマに集中して取り組むようになっていると思います」と増村先生は話してくださいました。

今年度から開室された放課後自習室の様子

生徒の特性に沿ったカリキュラムに加え、「なにを学ぶか」「どう時間を使うか」を自分で選べる環境が用意されている共栄学園。与えられたものをこなすのではなく、生徒自身で考え、判断できる余白があるからこそ、主体的に気持ちを切り替えて学習に臨んでいけるのでしょう。

最後に増村先生にみなさんへのメッセージをお願いしました。

「共栄学園の教員としてなにより自慢したいのは本校で学び、成長してきた生徒の姿そのものです。仲間と意見をぶつけあったり、気持ちを共有したり、本音で語りあう彼らを見て、『この一員になりたい！』と思っていただけたら嬉しく思います」

共栄ウェルカムデイ〈見学&説明会〉

7月21日(日)　7月27日(土)　7月28日(日)　8月3日(土)
各日①9:30～、②11:00～、③13:30～

学校説明会

10月6日(日)　10月20日(日)　11月3日(日祝)　すべて10:00～
※すべて要予約。詳細はHPでご確認ください。

School Data

▶京成本線「お花茶屋駅」徒歩3分
▶東京メトロ千代田線・JR常磐線「亀有駅」よりバス10分「共栄学園」下車徒歩1分
〒124-0003 東京都葛飾区お花茶屋2-6-1
TEL 03(3601)7136　0120-713601
URL https://www.kyoei-g.ed.jp

※本記事に記載されているサービス名、商品名は各社の商標または登録商標です

学習とクラブ活動に思いきり取り組める環境
全員が同じスタートラインから第１志望大学をめざす

保善高等学校［男子校］

HOZEN HIGH SCHOOL

School Information

所在地：東京都新宿区大久保3-6-2
アクセス：地下鉄副都心線「西早稲田駅」徒歩７分、JR山手線・西武新宿線・地下鉄東西線「高田馬場駅」徒歩８分
ＴＥＬ：03-3209-8756
ＵＲＬ：https://hozen.ed.jp/

クラブ活動が盛んなことで知られる保善高等学校。運動部だけでなく、文化部も盛んで、生徒は伸びのびと自分の好きなことに打ち込んでいます。その一方で、１年次から個々の進路に合わせたクラスを編成し、将来を見据えた充実した進路指導を徹底しています。

【タイアップ記事】

創立から１００年の歴史を誇る保善高等学校（以下、保善）。東京・高田馬場という都心に位置しながらも緑に囲まれたキャンパスには、恵まれた運動施設や学習施設が整えられており、こうした環境のもとで生徒は文武両道に励み、近年、大学合格実績を伸ばしています。

1年次から3クラスに分かれ高い意識を持ち学習に励む

「本校は併設する中学校も大学もない単独校です。生徒は入学するとみな同じスタートラインに立ち、1年次から第1志望の大学へ合格するという高い意識を持って学校生活を送っています」と入試広報部長の鈴木裕先生が話されるように、保善では、1年次から大学受験を意識したクラスが編成されます。それが「特別進学クラス」「大進選抜クラス」「大学進学クラス」の3つです。

「特別進学クラス」は国公立大学や難関私立大学への進学をめざします。週2回の7時限授業、国公立大学の5教科7科目入試や医・歯・薬系の入試に対応できるカリキュラムが組まれているのが特徴です。

「大進選抜クラス」は、G-MARCHレベルの大学合格を目標としています。これまでも早稲田大学・慶應義塾大学などの難関私立大学にも現役で合格結果を残してきました。

また、２０１７年度から特別進学クラスで総合的な探究の時間を使った新しいプログラム「未来考動塾」を実施しています。

これは、知識をただ持っているだけではなく、その知識をどう活かすかが問われる場面が多くなっている現代社会を生き抜くために、「しなやかな知性」「豊かな感性」を磨くことを目的としているプログラムです。

「高1ではあるテーマについて個人、グループで調査をしたり、ディスカッションをしたりしながら、最終的に年2回のプレゼンテーションを行います。そのなかで『知の技法』を学んでいきます。

高2は、『知の深化』を目的に、12月の沖縄での修学旅行に合わせて、沖縄についての事前学習を様々な角度から行います。

高3では、集大成として、卒業論文の執筆を通して『知の創造』を実践しています」と鈴木先生は説明されます。

「大学進学クラス」は中堅以上の私立大学への進学をめざします。基

礎学力を確実に養いながら、選択科目を多く用意し、個々の進路に合わせた指導を展開しています。

進級時に上位クラスを希望する生徒には、特進統一テストを実施し、条件を満たせば移動が可能です。

「わかるまで、納得するまで生徒と向き合う」というのが保善の教科指導であり、講習や補習が充実しているのも大きな魅力です。

放課後には校内のいたるところで補習が行われ、長期休暇にはクラスごとに習熟度別の講習が無償で用意されます。2023年度は、対面形式で150以上もの講習が実施されました。

未来考動塾

高1では学習の成果として年に2回のプレゼンテーションを行います

また、大学受験に必要不可欠である英検®の学習にも、積極的に取り組むように促しており、全校生徒に年1回以上、受験することを推奨しています。

具体的には、通常の授業と英検対策とを連動させるために、全員に貸与されているiPadに「English 4skills」というアプリを導入し、英会話を伴う2次試験対策などに向けた、きめ細やかな指導を行っています。

あわせて、Webでフィリピン・セブ島の現地講師から直接英会話指導を受けられる「オンライン英会話レッスン」も実施。より実践的な英検2次試験対策にも有効活用されています。

運動部

サッカー部など、全国大会をめざす強化指定クラブを筆頭に、活発に活動する運動部

体育館（冷暖房完備）

2021年4月に体育館が冷暖房完備となり、教育環境がよりいっそう充実しました

運動部・文化部ともに盛ん クラブ加入者の進学率90%

「生徒にとってはあくまで勉強が第一ですが、クラブ活動も高校生活において大切です」と鈴木先生が話されるように、保善では、75%の生徒がクラブに加入しています。

運動部は全国大会をめざす強化指定クラブのラグビー部、バスケットボール部、空手道部、陸上競技部、サッカー部を含む14、文化部は20（同好会含む）の部があります。そのなかには、文学散歩部や知的ゲーム部などユニークなものもあり、必要以上に女子の目を気にすることなく、自分の好きなことに伸びのびと打ち込めるのは男子校のよさといえるでしょう。

クラブ活動に時間をとられると勉強がおろそかになってしまうのではという心配があるかもしれませんが、「クラブ活動をしている生徒は有効な時間の使い方を身につけています」と鈴木先生。その言葉通り、2024年3月の卒業生のうち、クラブ加入者の大学現役進学率は90%でした。

クラブ活動に積極的に取り組みながら、学習との両立で第1志望の大学をめざすことができる保善。最後に鈴木先生は「本校ではお互いの個性を認め尊重しあう、相手の気持ちや痛みをわかりあえる人材を育てています。みなさんも本校での3年間を通じて立派な男子へと成長できるはずです。文武両道を実践し、充実した学校生活を送りましょう」と話されました。

学校説明会と個別受験相談　要Web予約

7月27日(土)　8月24日(土)　9月21日(土)　10月12日(土)
10月26日(土)　11月2日(土)　11月16日(土)　11月30日(土)
12月7日(土)　各10：00～11：30

個別受験相談会　要Web予約

8月25日(日)　10月20日(日)　11月17日(日)　12月1日(日)
12月8日(日)　12月21日(土)　各10：00～15：00

12月2日(月)　12月3日(火)　12月4日(水)　12月5日(木)
12月6日(金)　各15：00～18：00

保善祭（文化祭）

9月28日(土)　9月29日(日)

※詳細は学校HPでご確認ください。

※本コーナーに記載されているサービス名、商品名は各社の商標または登録商標です

メンターとともに成長する
～VERITAS AFTER SCHOOL～

光英VERITAS(ヴェリタス)高等学校

School Data 〈共学校〉	
所在地	千葉県松戸市秋山600
アクセス	北総線「秋山駅」「北国分駅」徒歩11分 JR常磐線「松戸駅」・JR総武線「市川駅」バス20分
TEL	047-392-8111
URL	https://www.veritas.ed.jp/

「地球を守る自覚と実践力のある次世代リーダー」の育成をめざす光英VERITAS高等学校。今回は第一志望大学進学に向けて生徒の主体的な学びを支援するVERITAS AFTER SCHOOL（以下、VAS）について、入試広報室長の本間明信先生、卒業生メンターの渡邉新菜さん（千葉大学4年生）と小貫詩織さん（明治大学2年生）にお話をうかがいました。【タイアップ記事】

卒業生メンターとしてどんなときも生徒に寄り添う

Q　VERITAS AFTER SCHOOLとはどういう場所ですか？

【本間先生】 放課後に、日々の学習支援から大学受験対策まで、大学生メンターからアドバイスがもらえる学習支援室です。平日は19時まで利用できますので、部活動が終わったあとに勉強や相談にやってくる生徒も少なくありません。また、歳が近いこともあり、気軽になんでも相談できるのもいいみたいです。メンターたちも学年に応じて色々な企画を考えてくれますので、生徒たちはいい環境で学習ができるようになったと思います。

平日は9人、土曜日は14時から17時まで利用でき、5人のメンターが常駐しています。

Q　VASでメンターをやろうと思ったきっかけはなんですか？

【小貫さん】 私が高1のときにVASが始まり、3年間通いました。色々と相談できて、分かりやすく教えていただいたので成績も上がりました。いまの自分があるのもVASのおかげなので、それを生徒たちに還元したくて参加しています。

【渡邉さん】 私は高3からVASに通いだしたのですが、勉強を教えていただくというより、受験へのモチベーションを高めてくれる存在がメンターさんでした。私もいまの生徒さんの精神的な支えになれればいいかなと思い参加しています。

Q　メンターとして気をつけていることはどんなことですか？

【小貫さん】 どんなときも生徒さんに寄り添う姿勢を大事にしています。色々な生徒さんがいるので、その生徒さんがなにを必要としているのかをしっかりと聞いて、その後の対応を考えるようにしています。

【渡邉さん】 悩みを相談されたときは、生徒さんの言い分を否定しないこと、そして、私の考えを押しつけないようにして、相談された悩みを少しでも解消できるようにアドバイスすることを心がけています。

Q　いまのVASでの生徒さんの様子を教えてください。

【小貫さん】 いまは毎日100名以上の生徒がVASにきています。試験前になるともっと増えますね。ただ、友達といっしょに来ると楽しくなって勉強が進まなくなるので、どうやったら多くの生徒さんがきちんと楽しく勉強に向きあえるようになるかを模索中です。

【渡邉さん】 私のときは女子校だったので、その頃に比べると共学校になってなにか違った賑やかさを感じています。男女が仲良く勉強している様子を見て、学校がいい方向に向かっている気がしています。

渡邉 新菜さん（千葉大学４年生）

学びへの楽しさを知り 将来の夢を見つけてほしい

Q　これまでどのような指導をされましたか?

【小貫さん】 光英VERITASは推薦型や総合型で大学を受験する生徒も多いんです。小論文添削などもするのですが、自己PRなどを書くときには、まず自己分析をするように勧めています。私も受験のときに自己分析が大事だと思いましたし、自分とはどんな人間なのかを一度しっかり見つめなおすことで、ブレることなく自己PRなどを書くことができるようになります。

【渡邉さん】 中3の生徒から国語のレポート課題をどうやって書けばいいのかを質問されたことがあります。こうやって書くんだよと全部教えてあげると、自分で考える力が身につかないので、調べるコツとか、こういう方向性で書いてみたらとか、その生徒といっしょに考えて、レポートを完成させました。大学生でも難しい課題でしたので、けっこう苦労しました（笑）。

Q　いま在籍されている大学へ進もうと思ったのはどうしてですか?

【小貫さん】 光英VERITASは私がいたころから探究が盛んなんです。私は高2のころに「海洋プラスチック問題」について探究したのをきっかけに、食に関することに興味を持つようになって、いまの大学に進学しました。将来は、まだ迷っているのですが、食品ロスの研究や食品の流通過程を考えるためのマーケティング系などに進めたらいいかなと考えています（明治大学農学部食料環境政策学科在籍）。

小貫 詩織さん（明治大学２年生）

【渡邉さん】 小学生のころから教員になりたいと思っていました。光英VERITASに入ってから「英語って楽しい!」と感じて、学内のスピーチコンテストや英語に関わる活動をするなかで、いまの進路を決めました。将来は、小学校の教員になります。つい先日、教育実習を終えたばかりです（千葉大学教育学部英語教育コース在籍）。

Q　光英VERITASをめざす受験生へメッセージをお願いします。

【小貫さん】 この学校で高校時代を過ごせてすごく良かったと思っています。VASは勉強習慣をつけるだけでなく、学びの楽しさを知ることができる場所じゃないかなと思います。VASで一緒に学んで、自分の進みたい道を見つけてください。

【渡邉さん】 ここは「小笠原流礼法」を学ぶのが特徴で、大学受験のときにとても役立ちましたし、社会人になってもきっと役立つはずです。卒業生としてそこが光英VERITASの1番の魅力だと感じます。

VASはメンターといっしょに学び、成長していける場所だと思います。やさしい大学生メンターが待っていますので、入学したら気軽に参加してみてください。

オープンスクール
8月 3日（土） 9:30～11:30
8月10日（土） 9:30～11:30
8月31日（土） 13:30～15:30

部活動見学会
9月 7日（土） 14:00～
10月19日（土） 14:00～

入試説明会
10月19日（土） 9:30～11:30
11月 9日（土） 9:30～11:30

1hour入試説明会
11月16日（土） 10:30～11:30
12月25日（水） 10:30～11:30

※すべて予約制です。

開智高等学校

開智高校ってどんな学校だろう？

大学合格実績に目を奪われやすいのが進学校ですが、開智高等学校の最大の魅力は「多彩な学びのフィールド」にあります。今回はその一部をご紹介します。【タイアップ記事】

勉強もしっかり 学校行事や部活動もしっかり

開智高校といえば、多くの方が「勉強ばかり」というイメージをもっているのではないでしょうか。しかし、「勉強ばかり」の学校という訳ではありません。

開智高校は「世界の人々や文化を理解し、尊敬し、平和で豊かな社会を創るために貢献できる人材の育成」を教育方針においています。単に勉強ができるというだけでは真のリーダーには成り得ません。周囲から尊敬されるリーダーとしての素養は、様々な困難に向かって自主的に行動することで培われていきます。開智高校では、勉強はもちろん、部活動、生徒会活動、学校行事、その他様々な活動にも自分の意志で積極的に携わることを推奨しています。

生徒には「主体性」という言葉を定着させ、教員はなるべく生徒の後ろを歩くように心掛けているため、ある意味、自由な高校生活が送れているのかも知れません。ただ、それだけでは放任となり、進学実績の向上にもつながらないため、学習面のレールはきちんと敷いています。たとえば1・2年生は、月・木曜日は「勉強の日」とし、放課後は通常8時間目まで補習があり、部活動や生徒会活動等は一切禁止となっています。もちろん補習ですので参加は自由ですが、ほぼ全員の生徒が参加しています。火・水・金・土曜日は各自の判断で様々な活動に取り組める日と決めており、曜日によってメリハリをつけ、勉強にも勉強以外の活動にも積極的に挑戦できるシステムが整っています。

3年生になると、毎日、放課後特別講習が行われます。大学受験に必要な講習を各自が選択でき、進学先レベルによっては毎日21時まで講習を受けている生徒もいます。もちろん、補習も講習もすべて無料で行っています。

「様々な活動を通して得られる成功体験によって、人として大きく成長できる」、これが開智高校の魅力です。また、それが「主体性」でもあるのです。勉強もしっかりやりたい、学校行事も部活動もしっかり取り組みたい生徒に

◆2024年度　学校説明会日程

日程	学校説明会		個別相談会
7月27日(土)	10:00～	13:00～	―
8月17日(土)	10:00～	13:00～	―
9月23日(祝・月)	10:00～	13:30～	9:00～15:45
10月12日(土)	10:00～	13:30～	11:15～17:00
10月27日(日)	10:00～	13:30～	9:00～15:45
11月16日(土)	10:00～	13:30～	11:15～17:00
11月24日(日)	10:00～	―	9:00～15:45
12月15日(日)	10:00～	―	9:00～14:00

※HPから予約が必要です。

は、開智高校はぴったりの学校です。

開智高校のクラス編成について

開智高校では生徒の希望進路に合わせて、クラス編成やコース選択など、様々な教育システムの改革を行っています。1年生は、入学試験（クラス分けテスト）の結果でTコース、S1コース、S2コースに選別されます。1年間は同じ教科書で進度も同じです。

1・2年生　時間割例　A君（1年生）の1週間

	月	火	水	木	金	土
0	—	独習	独習	—	独習	—
1	保健	情報	現国	体育	語文	数Ⅰ
2	公共	数Ⅰ	歴総	情報	芸術	現国
3	体育	語文	家庭	英会	英ヒ	英コ
4	英ヒ	英ヒ	家庭	数Ⅰ	物基	語文
昼食						
5	歴総	体育	英コ	英コ	数A	部活動
6	LHR	数A	物基	公共	数Ⅰ	
放課後	数学講習	部活動	部活動	英語講習	部活動	独習
		独習			独習	

3年生　時間割例　Bさんの1週間（文系）

	月	火	水	木	金	土
0	独習	独習	独習	独習	独習	独習
1	生基	芸術	現文	化基	体育	化基
2	現文	日世	日世	地公演	体育	生基
3	英コ	日世	日世	地公演	古典	英コ
4	古典	英ヒ	地公演	数演	英コ	数演
昼食						
5	英ヒ	数演	古典	生基	現文	世界史テーマ史特講
6	LHR	数演	英コ	英ヒ	化基	
7	東大古典特講	東大英語特講	論述基礎	独習	ⅠAⅡB演習	旧帝大英語特講
8			世界史特講	国公立英語特講	数学特講	
9	戦後史特講		独習		独習	独習

2年生は、1年生の成績を踏まえ理系と文系に分かれ、成績順にクラス編成が行われます。このときも理系、文系それぞれの教科書は同じで進度も同じになります。

3年生のクラス編成は、2年生のときに担任と頻繁に面談を行うことにより、成績に見合ったコース選択ができます。東大・京大・国立医学部等の最難関大学を志望するコース、東工大・一橋大・旧帝大などの難関大学を志望するコース、埼玉大、千葉大、横国大や私立大学を専願するコースなどを自分自身で選べます。

開智高校の場合、3分の1の生徒が国公立大学に進学するため、3年生のカリキュラム自体は、国公立大学受験用の教科設定になっていますが、面談を行っていくうちに、私立大学への進学のみに絞る生徒も出てきます。そのため、私立大学専門型というコースの設定もあり、受験に必要のない教科は選択しなくてもいいため、授業のない時間帯は、独習室（自習室）で自分の計画に基づいて学習が行えるようになっています。独習室には、つねに教員が待機しているため、わからないことがあれば質問をしたり、アドバイスを受けたりすることもできます。

生徒からは「受験科目に必要のない教科をカットし、必要な教科だけに集中できるので、効率よく学習ができました」といった意見も出ています。

自分を、拓く。

「未来を切り拓く力」を身につける。

本校の教育方針

心身共に健全で、よく勉強し、素直で思いやりある青年を育成する

未来を描ける「デザイン力」

未来を切り拓く基盤

夢をリアルに変える「実現力」

自ら考え、決定する「判断力」

拓殖大学第一高等学校
TAKUSHOKU UNIVERSITY DAIICHI HIGH SCHOOL

〒208-0013 東京都武蔵村山市大南4丁目64番5号
TEL：042-590-3311(代表) 042-590-3559(入試部)
042-590-3623(入試部)
アクセス：玉川上水駅下車、拓大一高口より徒歩3分
ホームページ：https://www.takuichi.ed.jp/

ホームページはこちらから

2024年 説明会日程

※予約はすべて、本校ホームページよりお願いいたします。
※下記日程は変更になる場合があります。

夏の学校説明会 要予約

7月28日(日) 1回目 10:00 ／ 2回目 14:00
8月 3日(土) 1回目 10:00 ／ 2回目 14:00
8月10日(土) 1回目 10:00 ／ 2回目 14:00
8月17日(土) 1回目 10:00 ／ 2回目 14:00
8月24日(土) 1回目 10:00 ／ 2回目 14:00

入試問題解説会 要予約

8月23日(金) 10:00～

文化祭

9月14日(土)・15日(日)(公開予定)

学校説明会 要予約

9月22日(日) 10:00～
11月 4日(休・月) 10:00～
11月10日(日) 10:00～
11月30日(土) 14:30～

入試個別相談会 要予約

10月12日(土) 14:00～
10月26日(土) 14:00～
11月16日(土) 14:00～

中学1・2年生対象学校説明会 要予約

2025年3月20日(祝・木) 10:00～

来校の際は、上履きと靴袋をご持参ください。
お車での来校は、ご遠慮ください。

LINE公式アカウント

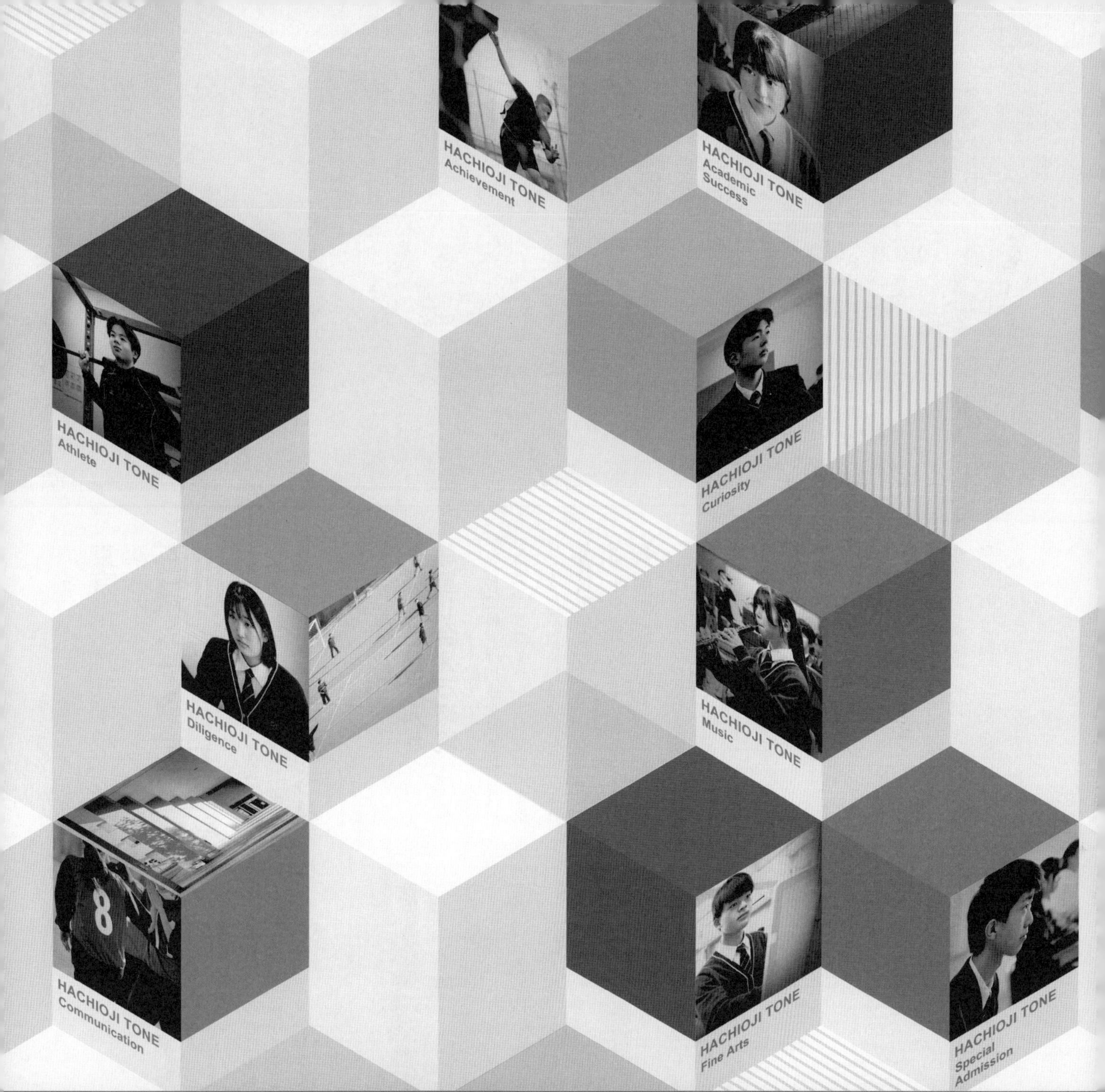

東京都 ● 共学校

順天高等学校

1834年創立の「順天堂塾」に始まる順天高等学校。現在は海外経験を持つ帰国生だけでなく世界各地からの留学生を積極的に受け入れ、「英知をもって国際社会で活躍できる人間を育成する」という教育目標を実践しています。今回は、教育支援センター長の片倉敦先生にお話を伺いました。

多様性を受け入れ尊重し合える環境

本校では、帰国生を積極的に受け入れることによって、学校全体で多様な文化や価値観の違いを受け入れる校風を醸成してきました。今では留学生や海外にルーツがある生徒も多く在籍しています。

多様なルーツを持つ生徒たちと接することから、我々教員も学ぶことがたくさんあります。一言で言えば、「日本の当たり前は、世界の当たり前ではない」ということです。

例えば、日本では他国に比べて日常生活で宗教的文化を意識する場面が少ないですが、留学生やご両親が外国籍の生徒は、毎日お祈りの時間を必要としたり、信仰のうえで重要な行事の時期には学校を休んで帰国したいと強く希望したりすることがあります。そのような生徒には、日本の常識を押し付けるのではなく、それぞれが持つ価値観や文化的な背景を理解し、可能な限り対応するようにしています。

教育支援センター長 片倉 敦先生

帰国生や留学生はいわば世界と日本をつなぐ「窓」だと考えています。日本の学校生活のなかで違和感を覚えることもあると思いますが、その感覚を大事にすることで、一般の生徒も含めて互いに視野を広げてほしいです。

これからの共生社会で生きる力を養う

本校の生徒たちの特徴は、「社会に貢献する」というマインドを当たり前に持っていることだと感じています。

例えば、以前在籍していた帰国生は、カンボジアの子どもたちに英語を教えることで彼らの将来の選択肢を広げたいと考え、実際にプロジェクトを計画、実施しました。

その根底にあったのは、海外生活で身につけた語学力を自分の幸せのためだけに利用するのではなく、社会の人々の幸せのためにも用いたいという思いです。

コロナ禍で一時中断してしまいま

したが、その意志を継いだ後輩たちが、再開に向けて取り組んでいます。

現在このプロジェクトに関わる生徒は帰国生ではありませんが、帰国生や留学生の存在がこのような社会貢献の志を持つきっかけとなったようです。

社会に貢献できる人は社会から認められる存在となります。これからの共生社会を生きていくうえで、他者を思う気持ちを育てていきたいと思います。

「探究から研究へ」充実した進路指導

進路指導の一環として、毎年11月にGlobal Weekを実施しています。「立場を超えて互いに学びあう1週間」と位置付け、卒業生や大学の先生、企業や各種団体の職員などを招くほか、保護者や在校生も登壇し、さまざまな話題を共有します。

高校1年生から高校3年生まで参加でき、将来取り組みたいことについて考え、同じ研究をする仲間と交流することで進路の幅を広げてもらう機会となっています。

また、本校は２０２６年に北里大学・大学院を設置する学校法人北里研究所との合併を予定しています。

この合併の目的は、卒業生の大学での学びをより充実させ、「探究から研究へ、そして未来を創る人となる」という本校の教育方針を実現することにあります。

高校卒業前から自分の興味のある分野の研究をスタートできる仕組みを想定しており、高校での探究活動から大学での研究へスムーズに移行できるようになります。

ラーニングコモンズにて行われる探究活動

受験生に期待すること

本校では、12月と1月に帰国生入試を行っており、いずれも英語力を重視した試験となっています。

英語の筆記試験は選択肢問題への対策、面接試験は英検®の二次試験に準じた対策をしていただければ、受験に向けて的確な準備ができるでしょう。

なお、２０２４年度より帰国生入試で出願する際には事前面談を必須とします。オンラインでの対応も可能ですので、受験の直前まで海外にお住まいの方もご相談ください。

この事前面談は合否に関わるものではなく、海外滞在歴の確認と入学後に必要な対応を保護者の方も含めて共有する場と考えておりますので、安心してお話ししていただければと思います。

海外での生活や学習はその時にしかできない経験です。現地での体験を大事にし、また帰国後の高校生活にも全力で取り組みたいという受験生をお待ちしています。

スクールインフォメーション

所在地：東京都北区王子本町1-17-13
アクセス：JR京浜東北線・東京メトロ南北線「王子駅」徒歩3分、都電荒川線「王子駅前停留場」徒歩3分
TEL：03-3908-2966
URL：https://www.junten.ed.jp/

2024年3月　おもな合格実績

東京大学…1名／東北大学…1名／九州大学…1名／北海道大学…1名／筑波大学…2名／東京学芸大学…1名／千葉大学…3名／早稲田大学…17名／慶應義塾大学…4名／上智大学…16名／東京理科大学…23名／明治大学…35名／青山学院大学…27名／立教大学…46名／海外大学…5名

※英検®は、公益財団法人日本英語検定協会の登録商標です。

早稲田アカデミー国際部から

夏の間にやっておきたい面接準備

受験生にとって大切な夏がやってきました。この時期、帰国生が取り組んでおきたいことは、面接試験の準備です。実際の受け答えの練習は秋以降に実施していきますが、その段階になって話す内容を考えるのは大変です。

まずは、海外で何を経験し、どのような気付きや成長があったのか、それを高校生活にどう生かしていきたいのか書き出してみましょう。いわゆる「鉄板エピソード」をいくつか用意しておくと話しやすくなりますよ。

帰国生入試出願ガイダンス

一般入試に先駆けて始まる帰国生入試。早稲田アカデミーの国際部スタッフが、受験校の確定・併願の戦略・出願についてアドバイスいたします。今年は9/16（月祝）に実施。7/16（火）よりWebサイトでお申し込み開始。

タイアップ記事

成蹊高等学校(共学校)

成蹊「0 to 1」活動報告!

本物に触れる学びから幅広い教養を身につけるリベラルアーツを重視する成蹊高等学校。
昨年度、探究学習として実施された学習旅行と2年目のスタートアップキャンプの様子についてご紹介します。

5つのグループで実施 第1回「学習旅行」

昨年、高1の生徒が主体となって企画した学習旅行が実施されました。今回は、実施された鹿児島、長崎、愛媛、北陸、大阪の5つの学習旅行のなかから、校長特別賞を受賞した愛媛学習旅行をご紹介します。

2泊3日で実施された愛媛学習旅行には仙田直人校長先生も同行。1日目はまず今治タオルミュージアムを見学し、SDGsの取り組みなどを視察。昼食は仙田校長先生もいっしょに参加し約40名全員でバーベキュー。楽しむこともこの学習旅行の目的の1つです。その後、来島展望台へ移動。事前学習で村上水軍を調べたチームもあり、多くの島が点在する瀬戸内の様子を観察し、1泊目の宿泊地「道後温泉」へ。自由時間には夏目漱石の「坊ちゃん」にでてくる道後温泉につかった生徒もいて、それぞれが温泉街を満喫しました。

2日目は松山城を攻略。城内では具足をつけ鉄砲を撃つ格好をして戦国時代を感じ、仙田校長先生による平山城(ひらやまじろ)の形態、石垣の積み方、狭間(さま)についての解説などもあり、学習旅行としての意義を実感。「坂の上の雲ミュージアム」では良き昭和の時代に浸り、JR予讃線「下灘駅」に向かいました。ここはフォトジェニックなロケーションが魅力の駅で、肩を組んで写真をとる生徒たちの姿に「青春を感じた」と仙田校長先生。2日目の宿は、四国カルスト内にある「星ふるヴィレッジTENGU」。夏の星空を解説付きで満喫し、最終日は四国カルストを見学。その規模や地形の素晴らしさに生徒たちも感動しました。最後は木蝋(もくろう)で栄えた内子町へ移動し、重要伝統的建造物群保存地区を散策後、松山空港へ。後ろ髪を引かれつつ帰路につきました。

「学習旅行は、本来の旅のように、自ら選んだ地を楽しく巡ることができます。本校のリベラルアーツが根づいた教育の影響もあり、生徒の興味が多岐にわたるので、様々な候補地ができます。本物に触れることの大切さ、主体的に考え行動することの意義を実感できた旅になったと思います」と仙田校長先生。今年も5コースで実施する予定で、来年は旅程を3泊4日に拡張し、さらにパワーアップしたいと意気込んでいます。

学習旅行のクラスプレゼンテーションの様子。

学習旅行。JR予讃線「下灘駅」にて。

スタートアップキャンプ In 五島列島【第2回】

一昨年に続き昨年も「スタートアップキャンプ」(4泊5日)を五島列島の福江島で開催。一昨年参加した

12名の生徒の口コミなどもあり、昨年は40名を超える応募があり、宿の都合などから、24名が参加しました。スタートアップキャンプの目的は、まさしく「0 to 1」。事前学習でテーマを決めて、現地で取材やフィールドワークを行い「五島でいまなにが課題になっているか」、「必要なものはなにか」などを考えその解決策を提案する実践型の探究活動です。

初日は観光し、2日目には現地の五島高校が行っている地域探究型課題研究「バラモンプラン」に参加し、生徒たちとのディスカッションを実施。同じような課題を設定するチームもあり、活発な議論が生まれました。また、異なる地域の同じ世代の人の意見や考え方に触れることができ、生徒たちそれぞれに新しい発見があったようです。その後、実際に五島でスタートアップをされている方の講話を聞いてモチベーションを高め、いよいよ医療・教育・観光などのテーマに沿って実際の現地取材がスタート。島内の病院・市役所・観光協会などを訪問し、それぞれの課題を探ります。取材後は宿に戻り、チームでのブレインストーミング。これらの活動を2日にわたり行いました。

スタートアップキャンプ、鬼岳での集合写真。

「宿泊した『セレンディップホテル五島』にはブレインストーミングやプレゼンテーションを行う環境が整っており、生徒たちは『こんな長い時間をかけて1つのことについて話し合いをしたことがない』というほどブレインストーミングを重ねていました。訪問した五島高校の生徒たちも放課後になるとブレインストーミングに参加してくれるなど、生徒たちは大変充実した時間を過ごしたと思います」と仙田校長先生。

そして滞在4日目は、いよいよ関係者へのプレゼンテーション。今回は「特産品である五島牛を低コストで生産できる取り組みを行い、畜産農家を増やしていく」「水素吸入で、五島の医療を救おう！」「『GOTO FISH FES』を開催して、『冬こそ五島へ』を実現」など全部で6つの成蹊プランを提案。質疑応答では好意的な意見が多く寄せられ、とくに「冬こそ五島へ」というフェスを実現したいという声が上がりました。それを受け、時期こそ異なりますが、今年の夏に「五島、ひと夏の大学」というフェスを開催することになったそうです。

「今年度も3回目のスタートアップキャンプを五島で実施予定です。今回は、行政にも協力をあおいで、実現可能なプランをいくつか提案できればと考えています」と仙田校長先生。次年度以降は海外で実施することも視野に入れ、新しいプログラムを検討中です。

五島高校の生徒もブレインストーミングに参加。

多様な価値観を共有し 広い視野で進路を考える

成蹊は、戦前からの帰国生の受け入れや留学制度、国際理解のプログラムも充実しています。語学を学ぶだけでなく、歴史や宗教、文化、人との交流など、目的を持ったプログラムを選ぶことができ、その活動範囲はさらに広がっています。

「本校には帰国生、留学生、留学から戻ってきた生徒などが常にいます。多様な考えを持った生徒が身近に常にいることで、広い視野で自分の進路を考えることができるのではないかと思います。グローバルな学習環境も整っていますので、ぜひ一度、成蹊に足をお運びいただければと思います」（仙田校長先生）

学校説明会	蹊祭（文化祭）
10月12日(土)	9月28日(土)
11月30日(土)	9月29日(日)

学校情報

所 在 地：東京都武蔵野市吉祥寺北町3-10-13
アクセス：JR中央線ほか「吉祥寺駅」徒歩15分またはバス、西武新宿線「武蔵関駅」徒歩20分、JR中央線ほか「三鷹駅」・西武新宿線「西武柳沢駅」バス
T E L：0422-37-3818
U R L：https://www.seikei.ac.jp/jsh/

中学生の未来のために！

大学入試ここがポイント

東京大学までが「検討している」と公表して、国立大学の授業料値上げがいま、本格的な議論に移行してきました。すでに私立大学との授業料格差（年間平均）は40万円を超えており「国立大学は安すぎる」という意見がある一方、「国立だからこそ低所得世帯に優しい施策を」と願う声もあり、これからの成りゆきに注目が集まります。

国立大学授業料値上げの動きが止まりそうもない

NEWS

国立大学の授業料値上げが本格的な議論に移行

今年3月、文部科学省（以下、文科省）の中央教育審議会・特別部会で、委員を務める伊藤公平・慶應義塾長が「国立大学の学費を年間150万円に」という趣旨の提言を行ったことが、4月～5月、各紙の報道やSNSで取り上げられ、国立大学の学費に大きな注目が集まることになりました。

伊藤委員の提言は「高度な大学教育には、学生1人あたり年間300万円は必要」「国立大学生の家計負担を（その半分の）150万円程度に引き上げるべき」というものでした。伊藤委員は各紙の取材に応えて「AIなど科学技術はますます発展する。高度な人材を育成するにはお金がかかる」「高等教育に必要な費用について問題提起したかった」と思いを吐露しています。

国立大学が法人化され、2005年度には国が定める授業料の「標準額」が年間53万5800円となってから、すでに20年近く国立大学の授業料標準額は据え置かれています。

一方、私立大学の年間授業料の平均は、2005年度には、年間約83万円でした。

その後、上昇が続き2023年度の私立大学授業料の平均は年間95万9205円となっていて、国立大学の標準額と比べ、私立大学の年間授業料平均は42万円以上高くなっています。

ただ、各国立大学は、標準額の120％を限度に入学金・授業料を決定できることになっています。つまり、授業料の上限は64万2960円です。

文科省によると、いま国立大学が授業料を標準額より引き上げる動きは相次いでいて、2019年度に初めて東京工業大学や東京藝術大学が引き上げて以降、一橋大学や東京医科歯科大学など、これまでに、首都圏で7つの大学が引き上げを行っています。このうち6つの大学は上限の120％まで引き上げ、64万2960円としているといいます。そのほか初年度には入学金（標準額28万2000円）が必要となります。

国立大学の財務状況厳しく東京大学も値上げ検討中

そんなおりの5月半ば、各紙が「東京大学も学費値上げ検討」という記事を、ニュースソースは示さないまま掲載しました。

これを受けて東京大学は6月10日、ホームページに藤井輝夫総長名で「授業料の値上げに関する報道について」と題したコメントを掲載、冒頭で「本学の授業料に関する様々な報道がなされています。すでに『決定』されたかのような不正確な情報もあるので、本学での検討状況について伝えたい」として、東京大学の財務状況などに触れ「学生の学習環境を維持・改善する費用を安定的に確保するため、過去3年にわたり様々な施策に取り組んできました。そうしたなかで国立大学の法人化以降20年間据えおいてきた授業料についても、その改定を検討しています」と授業料値上げを議論していることを公表しました。

さらに「もし値上げをする場合には、経済的困難を抱える学生への配慮は不可欠で、授業料免除の拡充や奨学金の充実などの支援策も併せて実施しなければならない」としました。

確かに、国立大学に限らず大学運営は、国からの運営費交付金や授業料収入など限られた財源を活用しながら、教育研究環境の充実、設備老朽化、物価上昇や光熱費等の諸費用の高騰、人件費の増大などに対応せねばなりません。

文科省は法人化後の国立大学に対し、民間と協力して研究成果などを財源化することを促してきましたが、すぐには結果が出るものではありませんでした。

東京大学は、10年間にわたり多額の助成を受けられる「国際卓越研究大学」にも昨年応募しましたが、認定されたのは唯一、東北大学のみ。同大学が２０２４年度中に、正式に指定される運びで、東京大学は今秋、認定候補に再応募の段階にとどまっています。

授業料20%増の可能性も 学生らは断固反対の姿勢

これまでの流れからすると、東京大学の授業料値上げは避けられない情勢といってよいでしょう。

値上げ幅は、前述した6つの大学が上限の１２０％まで引き上げ、64万２９６０円としているのにならう、との見方が取り沙汰されています。

東京大学が値上げに踏みきれば、他の国立大学も追随するとみられ、1大学の動きでは済まないことにもなります。

東京大学の学生たちはいっせいに反発、教養学部学生自治会は学生にアンケートを実施して撤回を求め、学生の一部は国に対し「断固反対」の要望書を提出しました。

藤井総長は学生との「総長対話」（オンライン）を通して、意見交換の場を設け、「学内外からの意見に耳を傾け、慎重に見極めていく」としました。

これら授業料値上げの動きは、現在、中学生のみなさんは大学受験時に、まさに直撃を受けることになりますので、本誌でも引き続き注目していきます。

（記事は6月20日現在）

東大入試突破への現代文の習慣

東大入試を突破するためには特別な学習が必要？　そんなことはありません。身近な言葉を正しく理解し、その言葉をきっかけに考えを深めていくことが大切です。田中先生が、少しオトナの四字熟語・言い回しをわかりやすく解説します。

早稲田アカデミー教務企画顧問
田中としかね
東京大学文学部卒業
東京大学大学院人文科学研究科修士課程修了
専攻：教育社会学
著書に『中学入試 日本の歴史』『東大脳さんすうドリル』など多数。文京区議会議員。第48代文京区議会議長、特別区議会議長会会長を歴任。

田中先生の「今月のひと言」

まちの本屋さんに出掛けよう！新しい発見があるかもしれない

今月のオトナの言い回し

セレンディピティ

今回紹介するのは「セレンディピティ」という言葉です。「思いもよらなかった偶然の出来事が、予想外の良い結果をもたらすこと」を意味しています。具体的な例を挙げてみましょうか。ニュートンが庭で木からリンゴが落ちるのを見て「万有引力の法則」を発見したという有名な逸話も、その一つになりますよ。偶然の出来事が重要な科学的発見につながったという話ですね。また、アメリカの化学メーカーの研究員が、強力な接着剤を開発中に「粘着力はあるが、すぐはがれてしまう」という失敗作を生み出したことから、世界的なヒット商品となる「付箋（ふせん）」が開発されたというエピソードも、例として挙げることができるでしょう。でも、そもそも「セレンディピティ」という言葉は何に由来するのでしょうか？　日本語ではありませんので、想像がしにくいですよね。それって「何語？」と思うかもしれません。実は「セレンディピティ」という言葉は、イギリスの政治家・小説家のホレス・ウォルポールによる「造語」なのです。ですから英語ではあるのですが、なんだか夏目漱石が「則天去私（そくてんきょし）」＝「私心を捨てて、自然に身をゆだねること」という四字熟語を「つくった」という話を連想させるような言葉になりますね。

「セレンディピティ」の語源は、ペルシャの昔話『セレンディップの三人の王子たち』に由来しています。「セレンディップ」というのは現在の「スリランカ」にあたりますよ。王様の命令で旅に出た三人の王子は、さまざまな困難に遭遇しながらも、知恵と機転で乗り越えていきます。その過程で、王子たちは意図せずに素晴らしいものを発見していくことになるのです。それは「ダイヤモンドの鉱脈」であり、「医療での効果的な治療法」であり、また「希少な香料の産地」なのです。探し出そうとしていたわけではなく、あくまでも偶然に見つけ出したものです。けれどもそこに「新しい価値」を発見できたことには重要な意味があると考えられます。ウォルポールは、こうした「新たな発見」をもたらす可能性のある「偶然の幸運」ともいえる状況のことを「セレンディピティ」と名付けたのですね。

さて、今回この「セレンディピティ」という耳慣れない言葉を取り上げたのには理由があります。日本の経済産業省が、「まちの本屋さん」に「セレンディピティの場」としての価値を見出して、「支援をすすめよう！」というプロジェクトを始動させたからです。「書店は創造性が育まれる文化創造基盤として重要だ」というのです。どういうことでしょうか？　経済産業大臣が自らの体験をもとに話をしています。「書店で偶然手にとった一冊の本が、人生に大きな影響を与えることもある」と。「自分が政治家を志したのは、たまたま書店で店員からすすめられた『原敬』（〝平民宰相〟と呼ばれた第19代内閣総理大臣）の評伝を読んだからだ」と。そんな思い入れもあって、「書店振興プロジェクト」は経済産業大臣直轄のプロジェクトとして進められているのですよ。

「まちの本屋さん」は、単に本を売るだけの場所ではありません。そこには、さまざまな人が集まり、偶然の出会いや発見が生まれる「セレンディピティの場」が存在するのです。本棚を眺めながら、思わぬ本に出会ったりすることもあるでしょう。ポイントは、自分の興味関心とは異なる分野の本に出会うこと、なのです。お店の人や他の来店者との会話から新たな「気付き」が生まれたりすることもあるでしょう。予期せぬ出来事が起こるのがセレンディピティの醍醐味です。経済産業省は、「まちの本屋さん」が持つこのようなセレンディピティの価値に着目し、「書店振興プロジェクト」を立ち上げたのです。

書店の減少に伴い、書店が持つこうした価値が失われつつあることが問題となっているのです。このプロジェクトでは、書店の文化的な価値を守りつつ、経営基盤の強化を目指しています。書店の減少になんとか歯止めをかけ、人と人とのつながりを大切にする書店ならではの魅力を維持していくことを重視しています。書店が地域の文化的な中心地として機能できるように、さまざまな支援策が検討されていますよ。例えば、書店でのイベントの開催や、書店と他の施設との連携など、「セレンディピティ」を生み出す場としての役割を果たせるような取り組みが行われる予定です。

書店に出掛けることによって、新しい発見があり、視野も広がります。中学生の皆さんにとっても、気軽に多様なコンテンツに触れることができる場所であり、いわば地域における「知のオアシス」だといえますよね。ぜひ知的好奇心を刺激するためにも「まちの本屋さん」に足を運んでみてくださいね！

今月のオトナの四字熟語

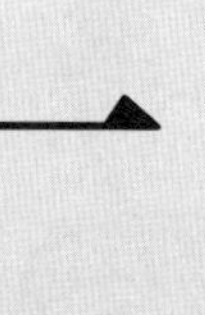

一念発起

「どうにか一念発起して、勉強に集中する生活を送ってくれるように、ならないものなのでしょうか！」と、教え子君のお母様からの「嘆願」です。教え子君だって、「勉強しよう！」とは、もちろん思っているのでしょう。けれども、他にも「やりたいこと」が目白押しで、優先順位をつけてみると「勉強」が一番にはならない、ということなのですよね。「それでは困ります！何よりも勉強を優先するように、心を入れ替えてほしいのです！」なるほど、それで「一念発起」という言葉を出されたのですね。

「一念発起」という四字熟語は、「仏教用語」として使われていた言葉です。「一念」は「深くひたすらに思うこと」、「発起」は「思い立つこと」を表しています。仏教的には「一心に悟りを求める心を起こす」という意味になり、「今までの心を改め、悟りを開こうと固く決心すること」を表現する言葉になるのですね。ですから、お母様がおっしゃる「今までの怠惰な生活を改め、勉強に集中することを、なんとか心に決めて取り組んでほしい！」という願いを「一念発起」という言葉に込めて使うことは、本来の意味からも正しい用法だといえるでしょう。

けれども、教え子君だって「勉強しなくてはいけない！」という「一念」は持っていると思いますよ。難しいのは「発起」、心を起こすことなのですね。「今すぐに始めなくてはならない！」と、心に強く思うような「きっかけ」が、なかなか見つからないのです。私自身にも覚えがあります。何か「特別な事情」がわが身に降りかかってきて、「勉強せざるをえない」という状況に追い込まれたい！と願っていた時期がありましたから。

実は、仏教的な意味での「一念発起」にも、強い信心を起こすきっかけとなる出来事が想定されているのです。こちらも四字熟語で表すことができます。皆さんもご存知の「四苦八苦」という言葉です。仏教では、人生における基本的な苦しみを「四苦」と呼んでいます。「生苦・老苦・病苦・死苦」の四つですね。さらに「四苦」に加えて以下の四つの苦しみを加えたものが「八苦」です。「愛別離苦（愛する人と別れる苦しみ）」「怨憎会苦（憎んでいる人に出会う苦しみ）」「求不得苦（欲しいものが得られない苦しみ）」「五蘊盛苦（心身が思い通りにならない苦しみ）」。こちらは人間関係や欲望に由来する苦しみが含まれています。仏教では、この「四苦八苦」に直面することが、生の無常性や苦しみの根源に気付き信心を起こすきっかけとなると考えられています。「一念発起」とは、この苦しみから解脱しようと、強い決意と熱心な実践を起こすことを意味しているのですね。

「そんな大げさな。言い訳せずに勉強をしてくれればいいだけですから」と、お母様はおっしゃいます。けれども、私がかつて「特別な事情」から「勉強せざるをえない」状況に追い込まれたい！と妄想していた内容が、実は「愛別離苦」と表現されるようなものでしたからね。いつの時代でもティーンエイジャーは、イメージと現実とのギャップに苛まれ、「速やかな行動」が取れないものなのですよ。ギャップは「少しずつ」埋まっていくものですから、信じて見守ってあげてくださいませ。

この夏のがんばりが、未来を変える。

この夏、個別進学館で大きく伸びる!

夏は飛躍のチャンス!

まとまった学習時間が取れる夏休みは、受験学年だけでなく非受験学年の方にとっても、秋以降の学力を大きく伸ばすチャンスです。早稲田アカデミー個別進学館の夏期講習会最大の特徴は、集団塾の夏期講習会がない期間や空いている時間を活用して、一人ひとりの目標や現在の課題に合わせた学習ができること。早稲田アカデミーの指導ノウハウを最大限に生かした指導で、お子様の学力を伸ばします。

早稲田アカデミー個別進学館では、カウンセリングで学習に関するお悩みや克服したい課題をしっかり伺ったうえで、得意・苦手に合わせた「あなただけのカリキュラム」をご提案します。だからこそ、成績向上につながる効果的な学習に取り組めるのです。

集団塾の講習会をより効果的に

もちろん、受講スケジュールも自由自在。「部活などの予定がない日に」「集団塾の講習会がない日に」「集団塾の授業が終わった後に」など、ご都合に合わせて受講日・時間帯をお選びいただけます。また、1科目から受講できるので、苦手科目だけ受講したり、わからなかった単元を集中的に復習したりと、集団塾の講習会を効果的にフォローアップできます。さらに、秋に向けた学習の進め方や宿題への取り組み方など、学習管理の面でも具体的にアドバイスをさせていただきます。

また、早稲田アカデミー個別進学館の最大のメリットは、早稲田アカデミー集団校舎との連携。授業の様子やテスト結果を共有することで、お子様の状況を担当がより深く把握し、目標までの最短の道筋を立てることができます。

早稲田アカデミー個別進学館の指導形態は「1対1」と「1対2」の選択制です。Webサイトには、具体的な受講プランを多く掲載しています。まずは無料学習面談で、お気軽にご相談ください。

講習会までの流れ

1. お問い合わせ（電話またはWeb）
2. 学習相談（要予約）
3. 学習プランのご提案

初回授業スタート!

首都圏72校舎。お近くの校舎にお問い合わせください。 新規開校 葛西校

東京	池上校	池尻大橋校	池袋西口校	池袋東口校	大森校	荻窪校	御茶ノ水校	学芸大学校	上野毛校	吉祥寺校
木場校	錦糸町校	国立校	国分寺校	三軒茶屋校	渋谷校	石神井公園校	新宿校	巣鴨校	成城学園前校	仙川校
高輪台校	立川校	田無校	千歳船橋校	調布校	月島校	戸越校	豊洲校	中野校	西日暮里校	西早稲田校
練馬校	東久留米校	府中校	平和台校	本郷三丁目校	町田校	三田校	南大沢校	茗荷谷校	武蔵境校	用賀校
神奈川	相模大野校	鷺沼校	新百合ヶ丘校	たまプラーザ校	武蔵小杉校	横浜校	若葉台校	埼玉	大宮校	川口校
川越校	北浦和校	志木校	新越谷校	所沢校	戸田公園校	南浦和校	和光校	蕨校	千葉	市川校
海浜幕張校	新浦安校	千葉校	津田沼校	流山おおたかの森校	船橋校	松戸校	茨城	つくば校	水戸校	

早稲田アカデミー個別進学館

お問い合わせ
0120-119-923
[受付時間] 月～金 10:00～21:00／土・日 10:00～19:00

でした！」

高校受験で志望校合格を勝ち取り、さらに難関大学に現役合格した先輩たち。
中学生のころから勉強しかしていなかった……？
いえいえ、そんなことはありません！
当時一生懸命頑張っていたことや、夢中だったこと、
大好きだったものについて詳しく教えていただきました！

夢中だったこと、大好きだったものはある？

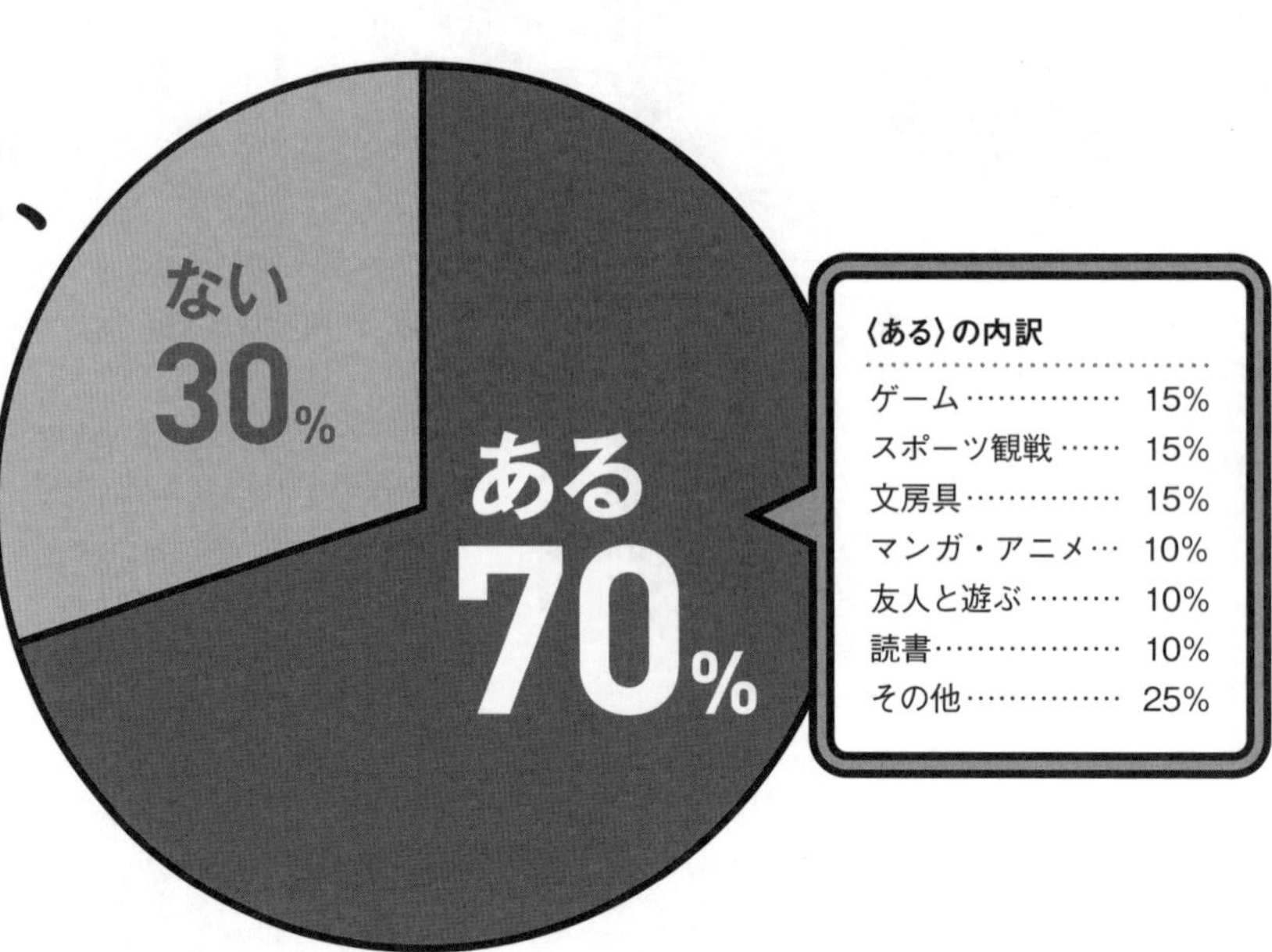

〈ある〉の内訳

ゲーム	15%
スポーツ観戦	15%
文房具	15%
マンガ・アニメ	10%
友人と遊ぶ	10%
読書	10%
その他	25%

「ある」はなんと7割！　ゲームやスポーツ観戦、文房具のコレクションなど、夢中だったことは人によってさまざま。お小遣いをなんとかやりくりしながら趣味を楽しんでいたようです。また、「当時の趣味が大学の専門分野につながった」という人も。

[情報理工学系研究科]

夢中だったこと

読書

当時好きだった食べ物
寿司（サーモン）

東野圭吾、東川篤哉、松岡圭祐、宮部みゆきなど、日本の推理小説が大好きでした！　毎週図書館に通って、多いときでは月に20冊近く読むこともありました。

Eさん　都立国立高→東京工業大学［工学院］

夢中だったこと

創作活動（料理）

料理が好きでした！　同じ調味料でも火加減が違うと味が変化するのが面白くて、試行錯誤しながら楽しんでいました。

当時好きだった食べ物
ざるそば

夢中だったこと

時代劇

たまたまテレビで見たのをきっかけに時代劇の爽快さにはまり、地方局やＢＳの再放送を見つけるたびに録画していました。当時お気に入りだったシリーズは、今でも大好きです。

当時好きだった食べ物
ラーメン

Fさん　筑駒高→東京大学大学院［農学生命科学研究科］

夢中だったこと

生物・化石

海や磯で生き物を捕まえるのが好きで、三浦半島によく行っていました。沖縄に旅行したときには、海で見つけた生き物をまとめ、図鑑をつくりました。

当時好きだった食べ物
たらこスパゲッティ

難関大学生に教えてもらいました

実は「あのころ、こんな中学生」

勉強以外に、頑張っていたことはある？

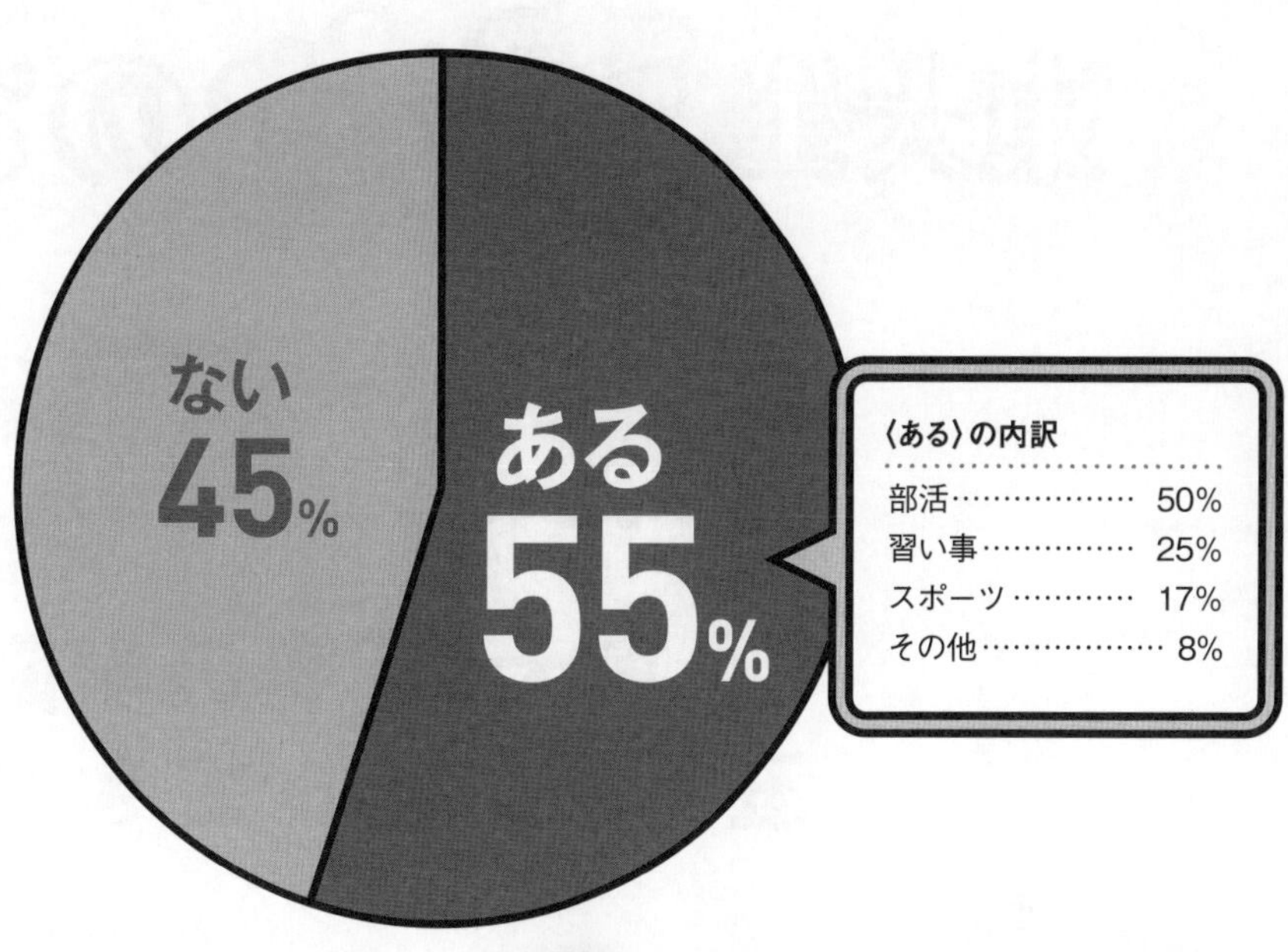

５割以上の人が、勉強以外にも力を入れていたものが「ある」という結果に。「習い事と部活を掛け持ちして頑張った」「大会に出場した」「小学生のころに始めたことを、中学３年間もずっと続けていた」という人もいました。

Aさん　都立日比谷高 ➡東京大学［理学部］

頑張っていたこと **ピアノ・卓球**

ピアノは小１から中学卒業までの９年間続け、中３ではコンクールにも出場しました。また、中学では卓球部にも入部し、ピアノとの両立を頑張りました。

当時好きだった食べ物 **ネギトロ**

Cさん　県立船橋高 ➡東京大学大学院

頑張っていたこと **駅伝**

中２のとき、県内の駅伝大会でアンカーを任されました。結果としてはチームの目標を果たせませんでしたが、今でもその悔しさを忘れず、何事にも努力を怠らないように心掛けています。

Bさん　都立国立高 ➡東京農工大学大学院［工学府］

頑張っていたこと **新体操**

小１から中３まで新体操クラブに入っていました。都大会に出場し、クラブ史上初めて決勝に進出しました！

当時好きだった食べ物 **パイナップル**

Dさん　筑駒高 ➡東京大学［法学部］

頑張っていたこと **剣道**

結果が出せず伸び悩むことも。でも、中２の終わりごろから試合で勝てるようになり、引退試合のときにはチームの都大会出場にも貢献できました。一番の思い出です。

みんな、読まないと！

東大生まなのあれこれ

まなのプロフィール

東京大学教育学部・身体教育学コース所属の3年生。特技は乗馬。東大では、水泳部と「東京大学東大娘。」という東大の女子学生によるアイドルコピーダンスサークルで活動中。

東大の「春の学園祭」五月祭に行ってきました！

年に2回の学園祭 五月祭と駒場祭の違いは？

こんにちは！　今回は、5月18日、19日に行われた「五月(ごがつ)祭」についてお話ししたいと思います。東大の学園祭は、例年5月と11月の年2回実施されています。5月に行われるものが五月祭、11月に行われるものが駒場祭です。

大きな違いは開催される場所です。五月祭は本郷・弥生キャンパス、駒場祭は駒場キャンパスが会場となります。東大というと赤門のイメージが強いと思いますが、赤門があるのは本郷キャンパスで、おもに3・4年生が使います。駒場キャンパスの方はおもに1・2年生が使います。ちなみに東大の2次試験の受験会場は、理系が本郷キャンパス、文系が駒場キャンパスです。

じつは私が五月祭に行ったのは今回が初めてでしたが、その規模の大きさに驚きました！　本郷キャンパスは敷地が広く、例えば経済学部の校舎から一番遠い工学部の校舎までは、同じキャンパスのなかなのに、徒歩10分弱かかります。五月祭では本郷キャンパスと道路を挟んで隣にある弥生キャンパスにも出店や企画があるので、1日かけても回りきれないくらいでした。11月の駒場祭も、企画の数や盛り上がりは同じくらいなのですが、駒場キャンパスの方が敷地が狭い分、回りやすい印象です。

五月祭では、そんな広い本郷キャンパス中に、たくさんの出店がありました。どこも大盛況で、予想を上回る売れゆきだったそうです。例年は牛串のお店が多いそうですが、今年はやや変わり種の、揚げアイスやタコスのお店をよく見かけました。出店は1年生がクラスで出しているものが多かったです。どのクラスも、入学してすぐとは思えないほど仲がよさそうでした。

ちなみに東大のクラスは、入学前に選択した第二外国語（スペイン語・ドイツ語・中国語などから1つ選択）で振り分けられます。1クラスの人数は30〜40人くらいです。この授業は1年生の間のみ、しかも週に3コマほどしかないので、中学校や高校でのクラスよりもかなり緩い結びつきにはなりますが、クラスでバーベキューを企画し

たり、遊びに行ったりしてかなり仲よくなれます。

学園祭の東大生を見てモチベーションにしてほしい

出店だけでなく、講演会やサークルのパフォーマンスもとても見応えがありました。まず講演会についてですが、今年の五月祭には、特徴的なメガネでおなじみの経済学者・成田悠輔さんや、「青のすみか」という曲で有名なアーティストのキタニタツヤさんが登壇しました。さすが有名人とあって、講演会の整理券は即完売でした。また、去年の駒場祭では、ホリエモンこと堀江貴文さんの講演会がありました。このように、東大の学園祭には著名なゲストが来ることが多いので、秋の駒場祭のゲストも楽しみです。

五月祭の看板と東大娘のメンバー。まなの同期の2人がポーズをとってくれました。衣装やヘアスタイルも凝っていてかわいい！

続いてサークル発表の話をしようと思います。私はプロフィールにあるように「東京大学東大娘。」（以下、東大娘）というアイドルのコピーダンスサークルに入っています。東大娘は、おもに五月祭と駒場祭の年に2回の公演に向けて活動しています。今回私は出演せず、観客側で見ていたのですが、背伸びをしないとステージが見えないくらいの人だかりができていて、大盛況でした。みんな本当に可愛かったです！

私が初めて東大娘の存在を知ったのは、高校生のときに訪れた駒場祭でした。たまたま見かけたことがきっかけでしたが、可愛くてダンスもうまくて、しかも全員が東大生だなんて、「なんてすごい集団なんだ！」と衝撃を受けた記憶があります。それからずっと東大娘は私の憧れで、大学受験の大きなモチベーションにもなりました。今度は私たちが、東大娘の活動を通して受験生にモチベーションを与えられる存在になれたらいいなと思います。東大娘を知らない方は、ぜひインターネットで検索してみてください！

五月祭ではほかにも、サイエンスショー、演奏会、メイド喫茶など様々な企画があり、思う存分楽しむことができました。演奏会が行われた安田講堂は、普段は東大生でも入ることはできません。荘厳で貴重な空間が、演奏をよりいっそう特別なものに感じさせてくれました。

ちなみに五月祭は、五月祭常任委員会というサークルが主体となって運営しています。中学校や高校での文化祭実行委員会にあたります。人数は270名程度で、東大生しか入れないサークルのなかでは一番人数が多いのではないでしょうか。とてもやりがいがあり、メンバー同士の仲もいいそうです。駒場祭も駒場祭委員会というサークルが運営し、キャンパスツアーや受験生向けの企画も多数主催しているようなので、11月の駒場祭に来られる方は、ぜひ楽しんでほしいです！

キャンパスデイズ 十人十色

明治大学

理工学部　3年生

山本（やまもと） 菜瑚（なこ）さん

子どものころからの憧れへ一直線 環境に適した自動車作りを学ぶ

充実した施設がそろう好環境とお互いに高めあう空気感

Q 明治大学理工学部機械情報工学科を志望した理由を教えてください。

私は愛知県の豊田市出身で、両親が自動車関係の仕事をしており、小学生のころに父の会社を見学しにいく機会がありました。父の仕事場や工場などを見て、純粋に「かっこいい！」と思い、そのときから、将来は自動車関係の仕事に就きたいと考えていました。

大学は関東か関西にある大学に、と思い、理系の研究室を調べてみた結果、研究水準の高さなどから明治大学を志望しました。

そのなかで、機械情報工学科を選んだのは、その名の通り、機械系、情報・プログラミング系という2つの分野を幅広く学べるからです。そのうえで、最終的により興味がある方に進めることが魅力でした。

Q 明治大学の特色、魅力はどんなところですか？

大学に入って最初に感じたことは、色々な視点で物事を考えられる人が多いことです。最初はそうした環境でやっていけるか不安もありましたが、学生同士が、日々負けないようにと、お互いを高めあっている雰囲気があります。

また、地震のメカニズムを調べる研究施設など、専門的な施設が充実していて、顕微鏡などの実験器具も高性能なものがそろっています。

ほかにもキャンパス内の施設が充実していて、おもに文系の講義で行く和泉キャンパスにある、和泉ラーニングスクエアには、個室や少人数でディスカッションができるスペースがあります。2年ほど前にできたばかりなのでとてもキレイです。私が通っている生田キャンパスにもそう

した施設を作っているようなので、完成したらぜひ使いたいです。

Q 日々の講義では具体的にどのようなことを学んでいますか？

機械系では製図、物理のエネルギー関係のことを学んでいます。情報系のプログラミングの講義も必修で、1、2年生のころは両方を並行して学びました。3年生からどちらを専門にするのか選択するので、私は機械系の方に進みました。

Q そのなかで、印象に残っている講義を教えてください。

自動車のエンジンの研究を専門とする教授の講義は興味深かったです。国家プロジェクトを担当したこともある方だったので、私自身の目標につながるような内容でしたし、ディスカッション形式で行ったので、より深く学べていると感じました。例えば「カーボンニュートラルについてどう思うか」というテーマについて、少人数でお互いに質問したり意見を出したりして、考えを深められたのはすごく貴重な時間でした。

大変なのは、実験の講義全般です。予習が必要で、さらに毎週のようにレポートの提出があったので、毎日追われている感覚でした（笑）。ですが、すごく実践的な講義内容だったので、おもしろかったです。

大学で学んだことを将来の仕事につなげたい

Q 卒業後はどのような仕事に就きたいと考えていますか。

小学生のころから変わらず、自動車関連の仕事に就きたいと考えています。そして環境に配慮した自動車を作るのが私の目標です。4年生ではそうしたことを詳しく学べるような研究室に入ろうと考えています。

豊田市は「クルマのまち」で、市内を走っているバスはハイブリッド車（異なる複数の動力源で動く自動車）です。水素エンジンで走っている車両も見かけます。そうした環境が影響したと思います。

先輩たちは、自動車関係やバイク関係の企業、家電メーカーに就職していました。情報系を選択した人は、明治大学にロボットのプログラミングを専門とした研究所がいくつかあるので、そちらの関係の仕事に就く人が多いと聞きました。

Q 最後に読者へメッセージをお願いします。

私は「こうしたい」、「こうなりたい」と明確な目標を持つことが、勉強のモチベーションになりました。学校の定期テストも、「今回は何位までに入る」と設定して、勉強に取り組んできました。そうした日々の積み重ねが受験勉強につながっていくと思うので、ぜひ日ごろの勉強から頑張ってください。

TOPICS

早寝早起きの生活リズムでフレッシュな状態で集中

高校時代は、サッカー部のマネージャーをしており、高3の10月まで活動していたので、受験勉強にあてられる時間が限られていました。そのため、指定校推薦で大学進学を考えました。私の通っていた高校は評定が大事だったので、定期試験をとにかく頑張り、毎日の授業にも集中していました。

また、睡眠時間を削っても効率的ではないと考え、しっかり寝る時間をとることを意識しました。部活動が終わって疲れているときに勉強しても、睡魔との戦いになるので、早く寝て、早く起き、7時くらいには学校に行って勉強する習慣をつけました。クラスで朝講習をしていたのも助かりましたし、家族も早起きに協力してくれました。

高校ではサッカー部のマネージャーを務め、部員をサポート。お守りも作りました。

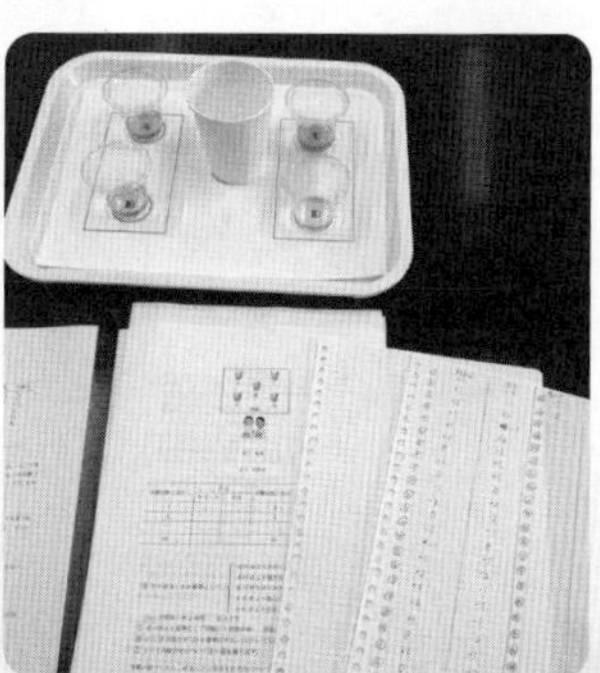
情報系の講義で様々なお茶を飲み比べて、渋さなどの統計を取る実験もしました。

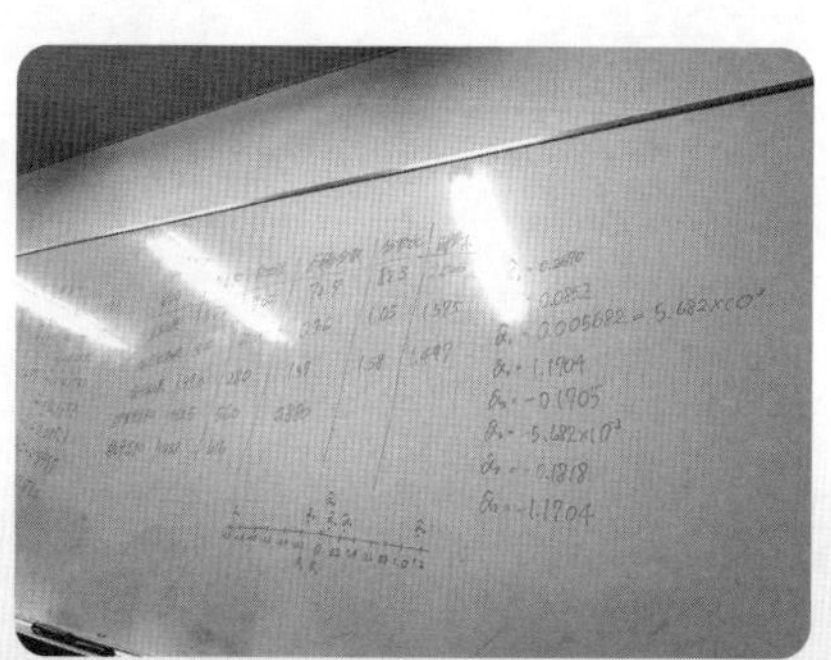
大学では毎週のように実験を行います。準備などは大変ですが、充実した日々を送っています。

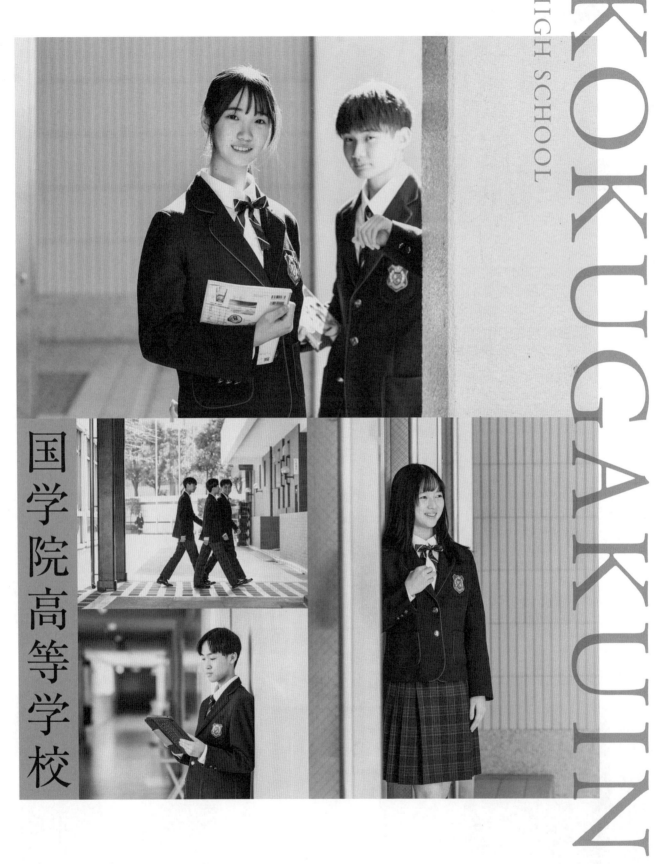

KOKUGAKUIN

HIGH SCHOOL

国学院高等学校

EVENT SCHEDULE

会場：国学院高等学校／対象：受験生・保護者

［ 学校説明会 ］ ※全て同じ内容です。ご都合のよい日をお選びください。

10/19（土）　10/26（土）　11/23（土・祝）　12/7（土）

各イベントの詳細は本校のホームページをご覧ください。

〒150-0001　東京都渋谷区神宮前2丁目2番3号　Tel：03-3403-2331（代）　https://www.kokugakuin.ed.jp

ちょっと得する
読むサプリメント

ここからは、勉強に疲れた脳に、ちょっとひと休みしてもらうサプリメントのページです。
ですから、勉強の合間にリラックスして読んでほしい。
このページの内容が頭の片隅に残っていれば、もしかすると時事問題や、
数学・理科の考え方のヒントになるかもしれません。

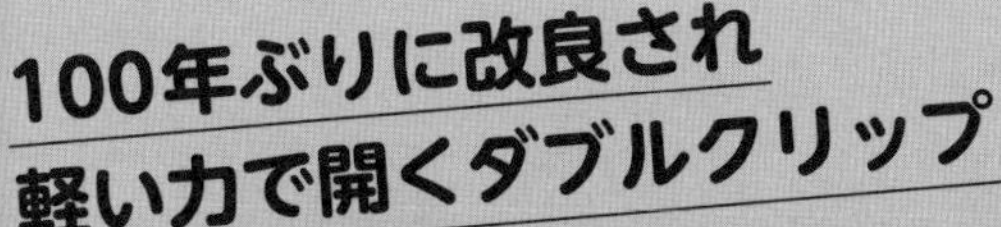

100年ぶりに改良され
軽い力で開くダブルクリップ

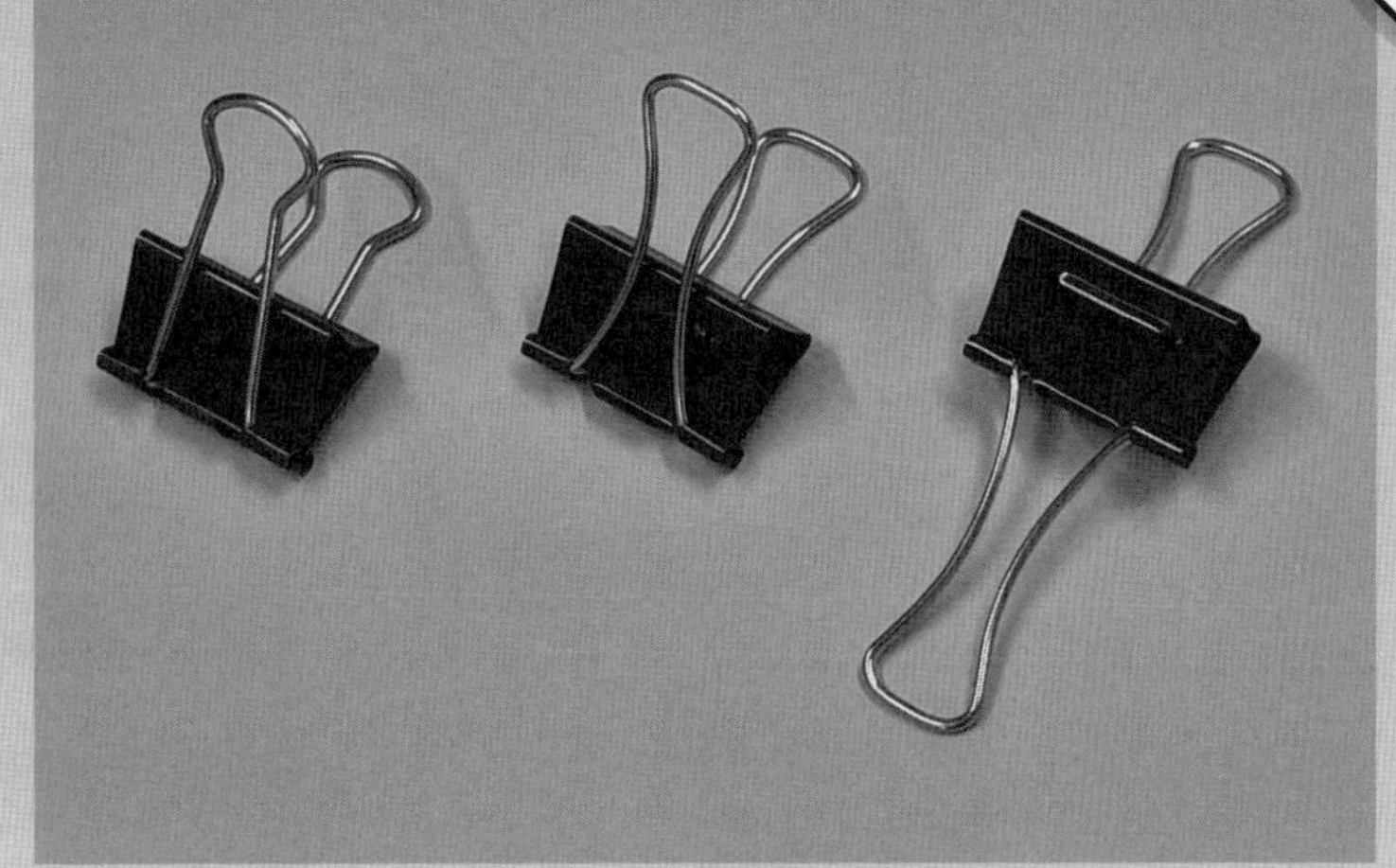
左が旧型の製品、右の2つが「エアかる」。右のレバーを開いた板バネの突起部が驚きの改良点

改良のタネは身近に転がっていた

ダブルクリップという、紙を束ねるときに便利なクリップを知っているかな。上の写真を見れば「ああ、あれかあ」と答えは簡単だ。

このダブルクリップ、じつは100年以上も前の1910年、アメリカのルイス・エドウィン・バルツレー氏が発明したものだ。板バネと堅い針金のレバーを組みあわせ、レバーをグッと指先でつまめば板バネが開いて、厚みのある紙束をとじることができ、レバーを戻せば紙束の表面に沿って平たくなり、数束を重ねあわせることができる、スグレものだ。

横から見ると「W」の形になることからダブルという名称が使われたんだ。アメリカで1915年に特許登録された書類を見ると、現在とほぼ同じ形をしている。100年以上も進化していなかったんだね。

ところが、文具製造・販売で知られる日本のプラス株式会社が、ひと工夫を加えたダブルクリップ、商品名「エアかる」で、いま注目を浴びている。

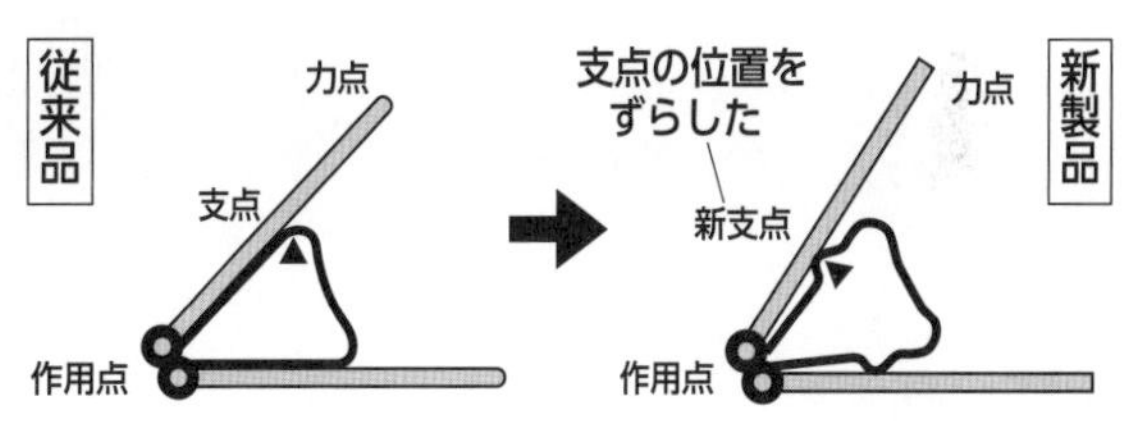

みんなも感じていると思うけど、従来の製品は開くとき板バネが強すぎて指先が痛くなるほどだった。

今回の改良のタネは、みんなは意外と気づかなかったけれどもわかってみれば簡単なもの。写真㊤の、左が旧型の製品、右の2つが「エアかる」だ。右のレバーを開いたものを見てほしい。そこに見える板バネの突起部が改良のミソだ。右のイラストのように支点を前にずらし作用点に近づけたんだね。このことで使う力を最大約50％も減らすことになった。いまみんなが習っているテコの原理が役に立っているってこと。

科学のタネは、やっぱり身近に転がっているよ。

※「エアかる」はプラス株式会社の登録商標です

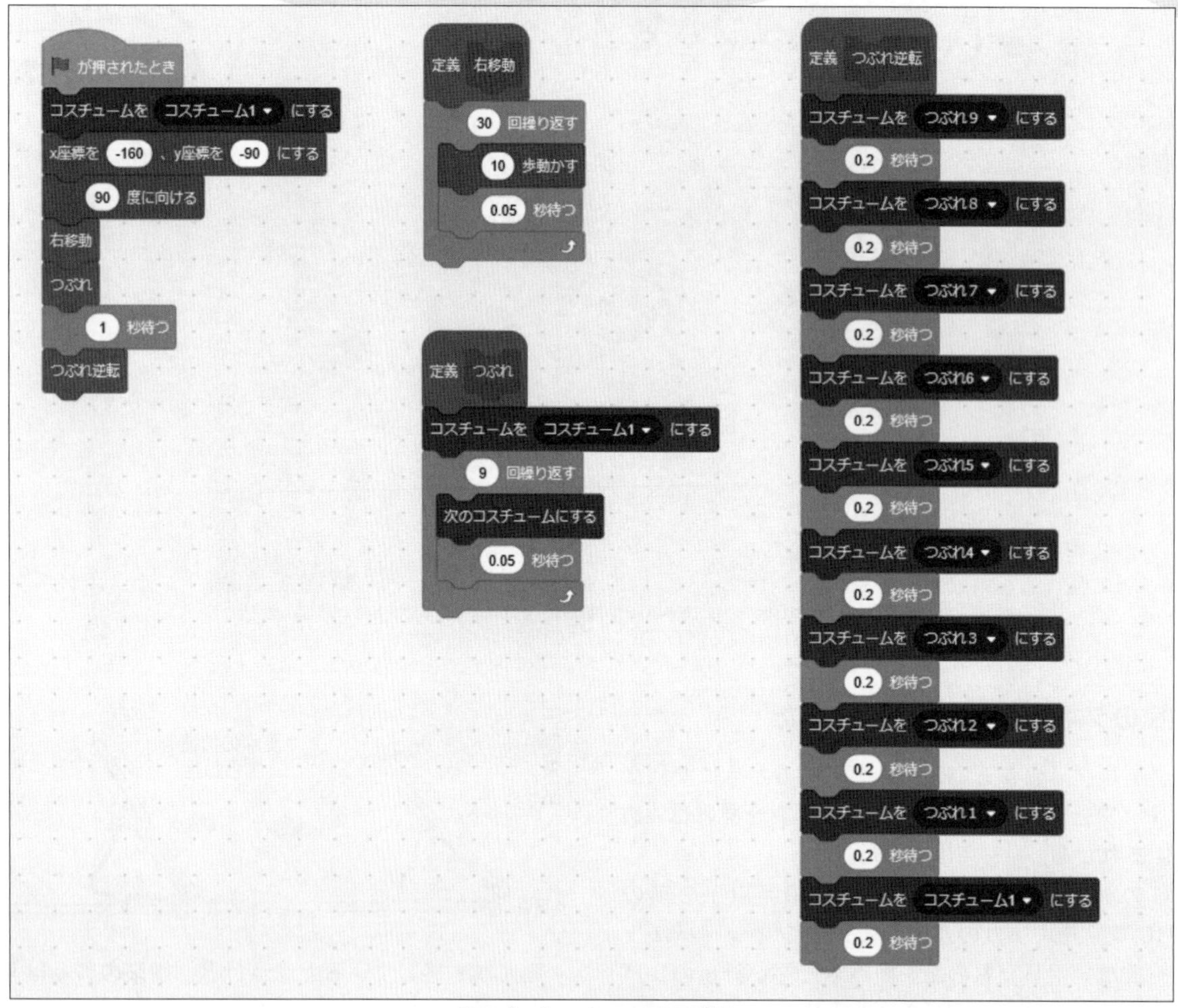

【図10】ブロックのつぶれる様子

どおもしろいですね。色々な動きを作ってみたくなりました。

らくらく先生：次回は、絵を描く部分をもう少し違うツールを使ってやってみよう。

（つづく）

プログラム１：
ブロックの全周移動
https://scratch.mit.edu/projects/1035926001/

プログラム２：
ブロックのつぶれる様子
https://scratch.mit.edu/projects/1035930852/

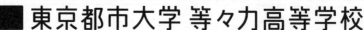

このページは83ページから読んでください。

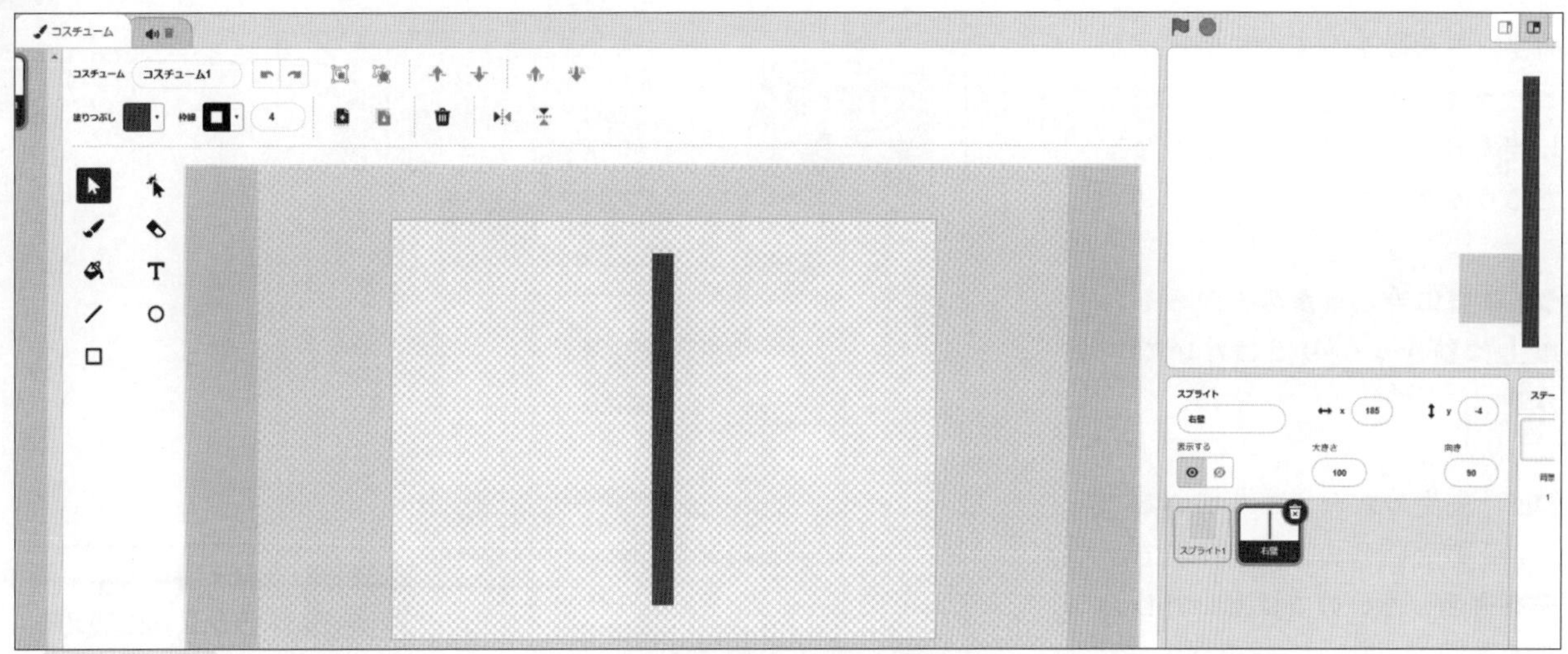

【図8】壁のスプライトと配置

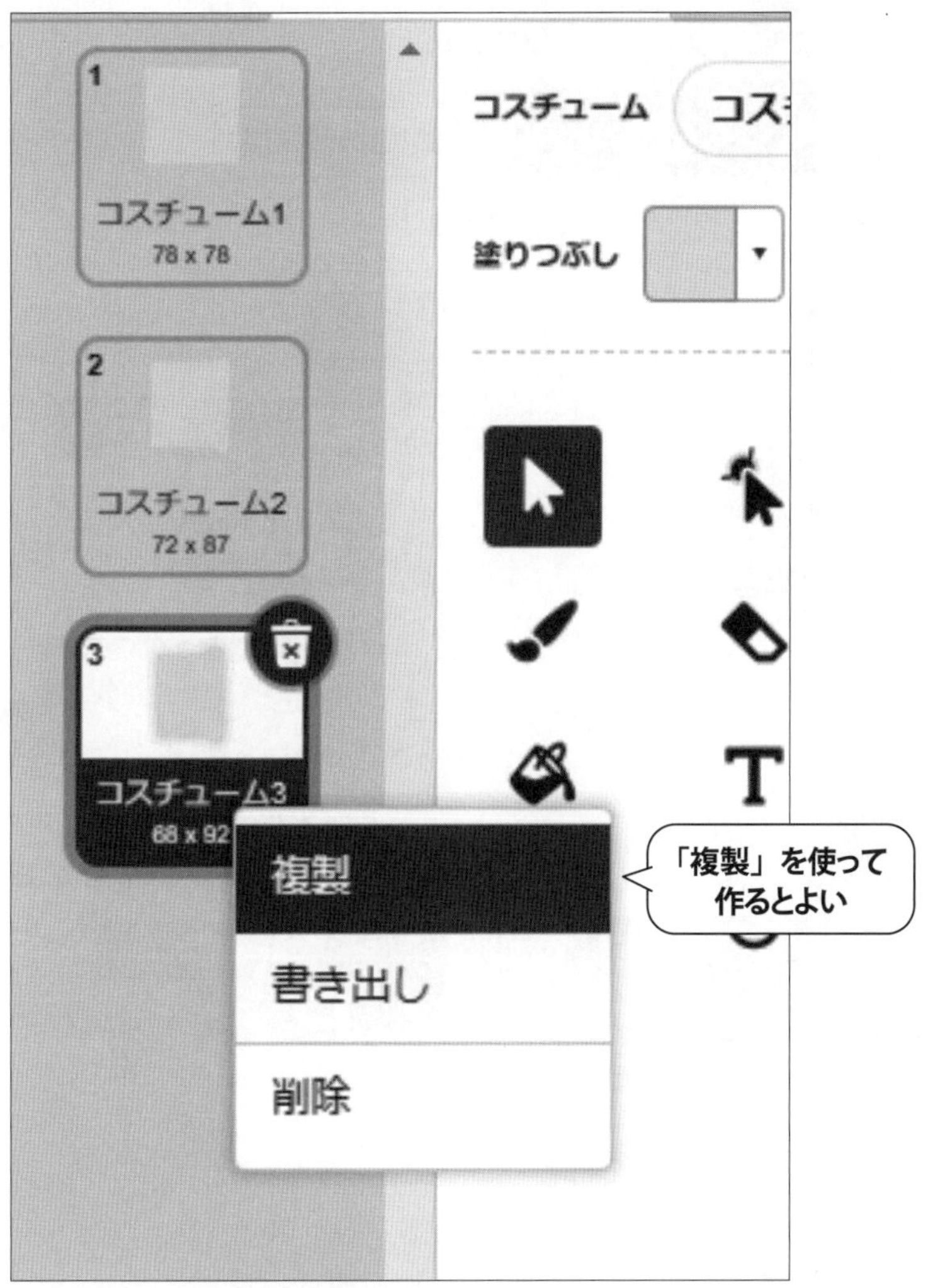

【図9】ブロックのつぶれる様子

ログ：これまでと同じようにはいかないですよね。スプライトに、変形したものを用意するのはどうでしょうか？

らくらく先生：「ネコ」のスプライトでは、歩いているように見せるために、足が交互に動いている様子を表すコスチュームが用意されていた。これと同じように考えて、四角が壁にぶつかって、つぶれていくスプライトを作ってみよう。完全なものはできなくてもいいから、やってみて変化を楽しんでほしい。

まずはブロックが当たる壁を作ろう。壁のスプライトができたら右移動してその位置に壁を配置しよう**【図8】**。

次に四角のスプライトの変形部分を作っていくよ。まずは押されてつぶれていく様子だ**【図9】**。「複製」で少しずつ形を変えたものを作るといいよ。

ログ：移動の時間を早くしてつぶれる様子を作ってみました。最後は破裂して飛んでいくようにしてみました**【図10】**。

ラム：まだ完璧とはいえないけれ

るよ。右移動をして壁に当たったときを考えよう。スプライトが壁に当たり移動を続けるとどうなるだろうか？

ラム：壁に当たったのだからそれ以上は動かないのではないですか？

ログ：先生の言おうとしていることは、壁と四角のスプライトで反応を表現したいのではないでしょうか？

らくらく先生：四角のスプライトが柔らかいものでできていたとしたらどんな動きになるだろう？

ラム：四角のスプライトがつぶれるのではないでしょうか？

定義 下移動
x座標を -160 、y座標を 110 にする
20 回繰り返す
y座標を -10 ずつ変える
20 度回す
色 の効果を 25 ずつ変える
大きさを 20 から 100 までの乱数 %にする
0.2 秒待つ
90 度に向ける
色 の効果を 0 にする
大きさを 100 %にする
大きさをランダムに変える
最後に元に戻す

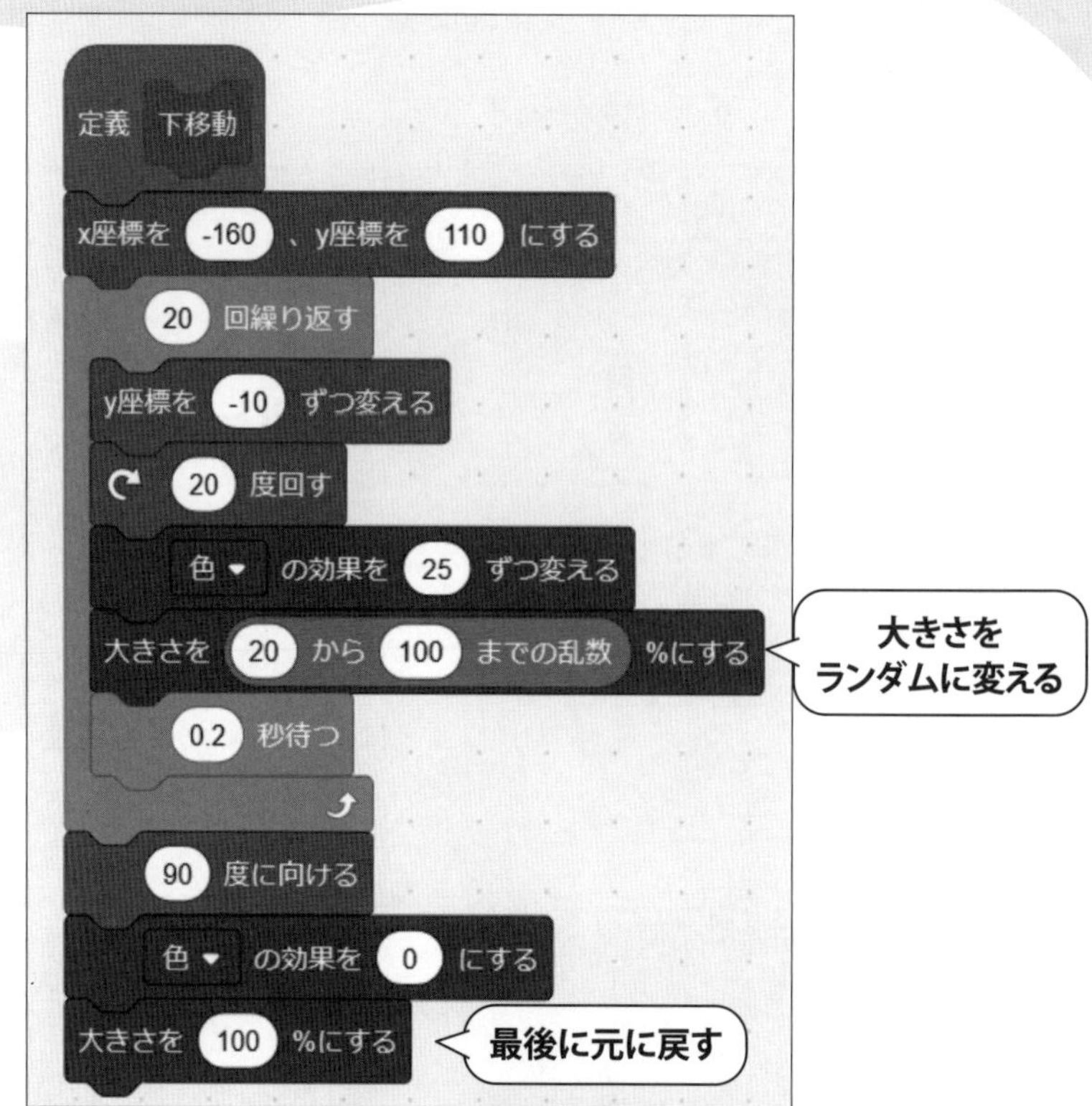

【図6】下移動

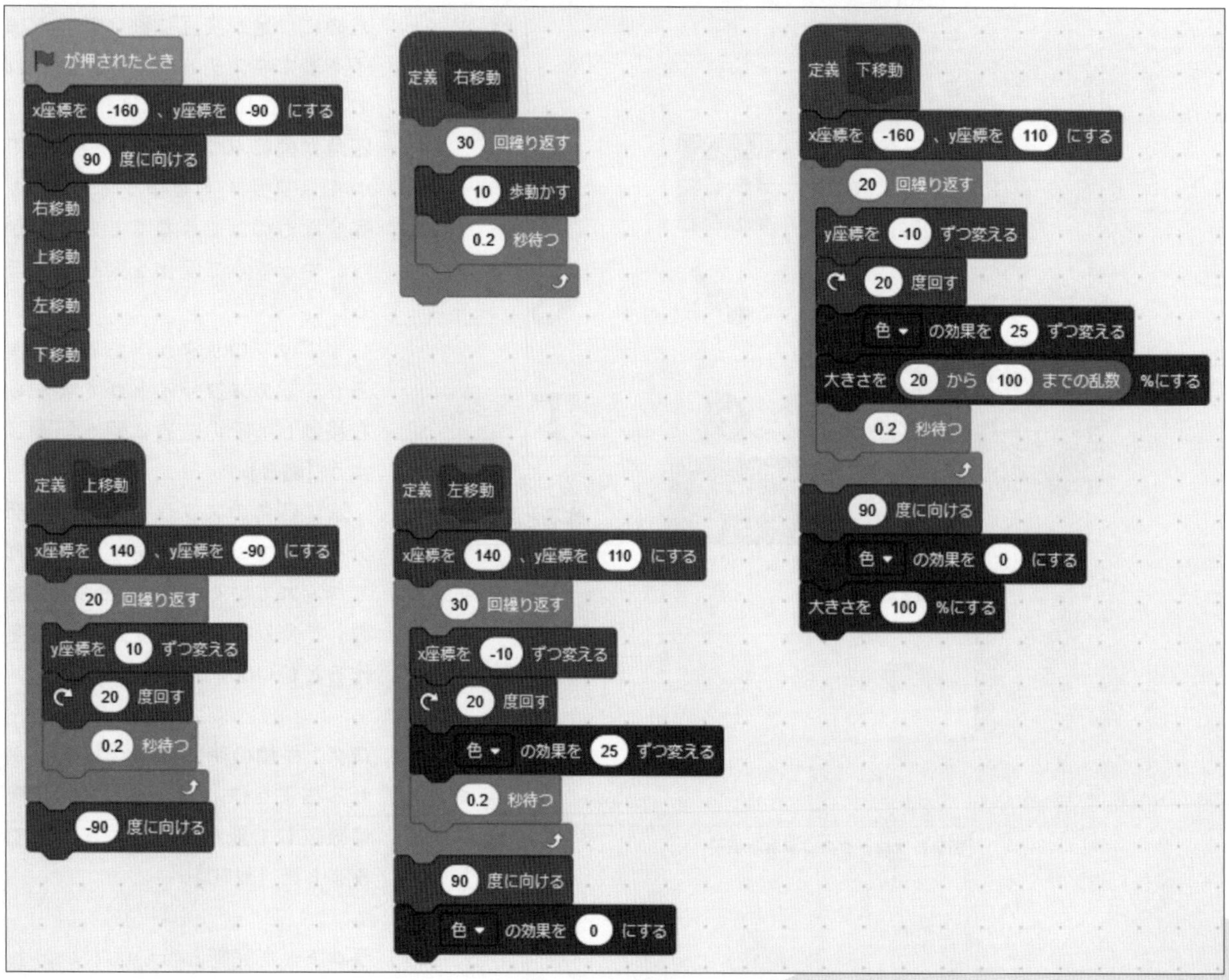

が押されたとき
x座標を -160 、y座標を -90 にする
90 度に向ける
右移動
上移動
左移動
下移動
定義 右移動
30 回繰り返す
10 歩動かす
0.2 秒待つ
定義 下移動
x座標を -160 、y座標を 110 にする
20 回繰り返す
y座標を -10 ずつ変える
20 度回す
色 の効果を 25 ずつ変える
大きさを 20 から 100 までの乱数 %にする
0.2 秒待つ
90 度に向ける
色 の効果を 0 にする
大きさを 100 %にする
定義 上移動
x座標を 140 、y座標を -90 にする
20 回繰り返す
y座標を 10 ずつ変える
20 度回す
0.2 秒待つ
-90 度に向ける
定義 左移動
x座標を 140 、y座標を 110 にする
30 回繰り返す
x座標を -10 ずつ変える
20 度回す
色 の効果を 25 ずつ変える
0.2 秒待つ
90 度に向ける
色 の効果を 0 にする

【図7】一周

79 ページ本文につづく➡

このページは83ページから読んでください。

スプライトを移動させて色を変化させよう

らくらく先生：アニメーションと大げさにいうほどのものではないけど、確かにアニメーションだよ。今度は上に移動するブロックを作ろう。移動するだけではつまらないから、移動しながら四角のスプライトを回転させてみよう。回転が途中で終わることが多いので、最後は回転方向を修正しておこう【図4】。

ラム：なにかおもしろい動きをしていますね。

ログ：これまでに比べて、よりアニメーションらしくなってきました。

らくらく先生：今度は左に移動させながら、色を変化させてみよう【図5】。

ラム：これまでのプログラミングでは色が変化するものは作ったことがありませんでした。こんな方法もあるのですね。

らくらく先生：最後は下移動だ【図6】。色々な方法を使って自由に移動させてみてね。参考に私が考えたプログラムを載せておくけれど、みんなも自由に考えてみよう【図7】。

ログ：四角のスプライトだけでも色々できるのですね。

もっと楽しめるアニメーションらしくしよう

らくらく先生：ここまでは単純な移動を作ってきたけど、次はもっとアニメーションらしいものを作

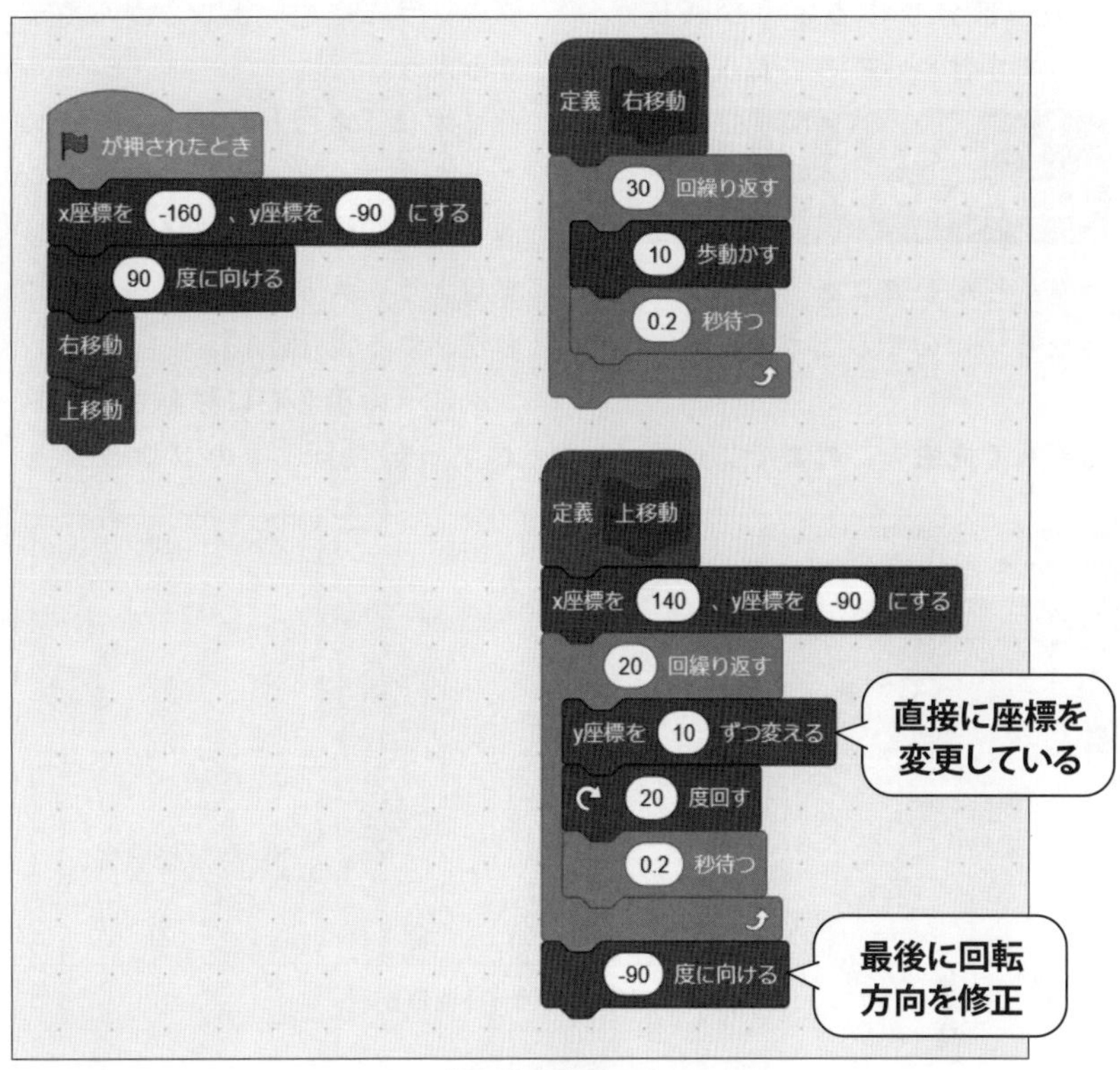

【図4】上移動

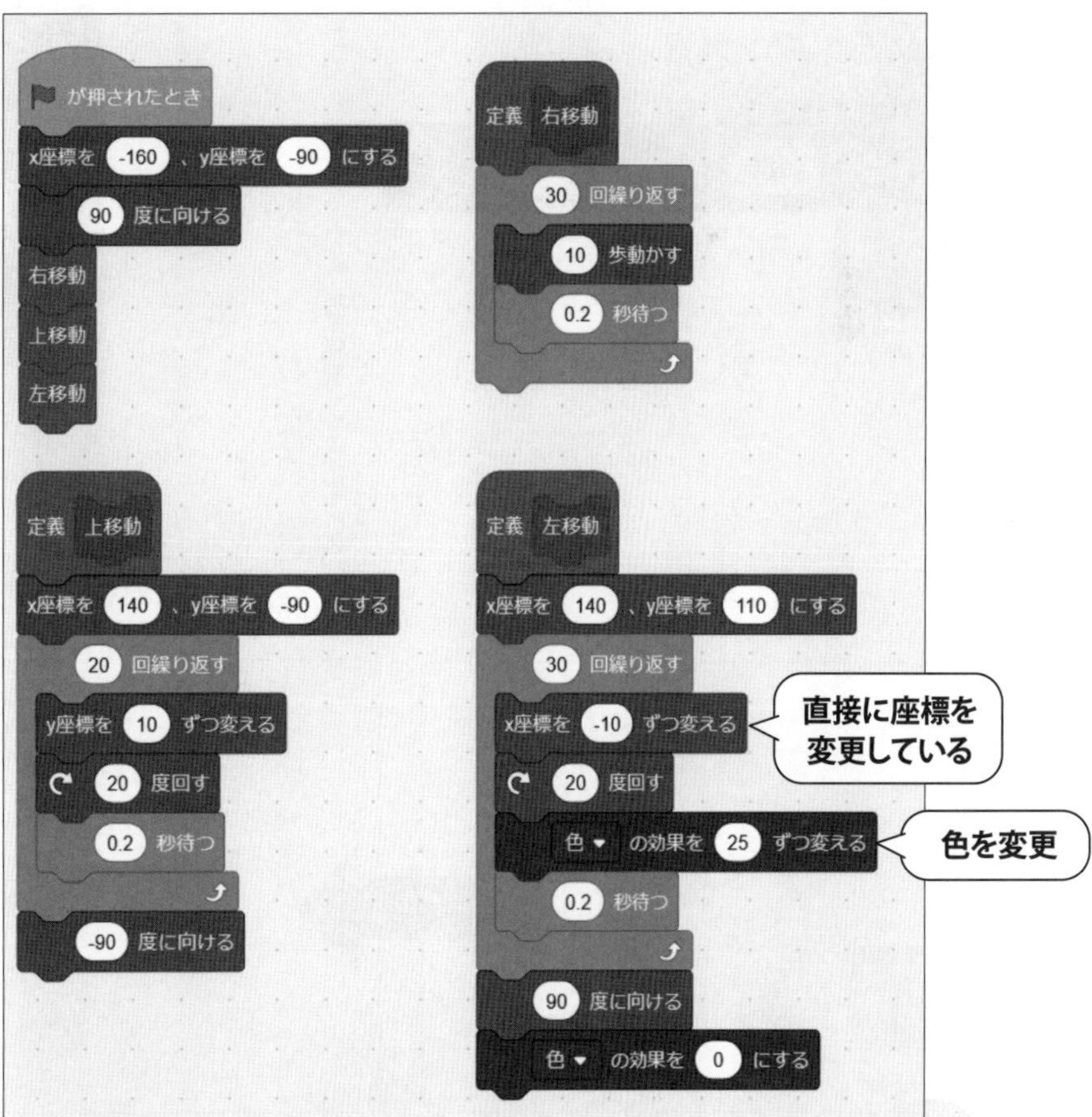

【図5】左移動

かの一部分を作るような感じかな。まずはやってみてね。

「ネコ」を消して 四角のスプライトを作る

ラム：どんなアニメーションを作ったらいいのでしょうか。

らくらく先生：これまでに作ったプログラムを思い出しながらやってみよう。

まずは「ネコ」の絵（この絵のことをスプライトといいます）を消して、四角のスプライトを作りましょう。大きさや色はみんなにお任せするよ**【図1】**。

次にその箱を右に移動させてみよう。「繰り返し」のブロックを使って動かせばいいよね。

１回に動く量や、繰り返す回数を決めてから、画面からはみ出ないようにそれらを調節していってね。

時間や回数を直接プログラムに書いてもいいけど、名前をつけてブロックにした方が友達に説明するときにわかりやすくなる。

待ち時間を適当な値（ここでは0.2秒待つことにします）に決めて四角のスプライトを動かそう**【図2】**。

ログ：ここまでは大丈夫です。できました**【図3】**。単純な移動ですが、これもアニメーションですか？

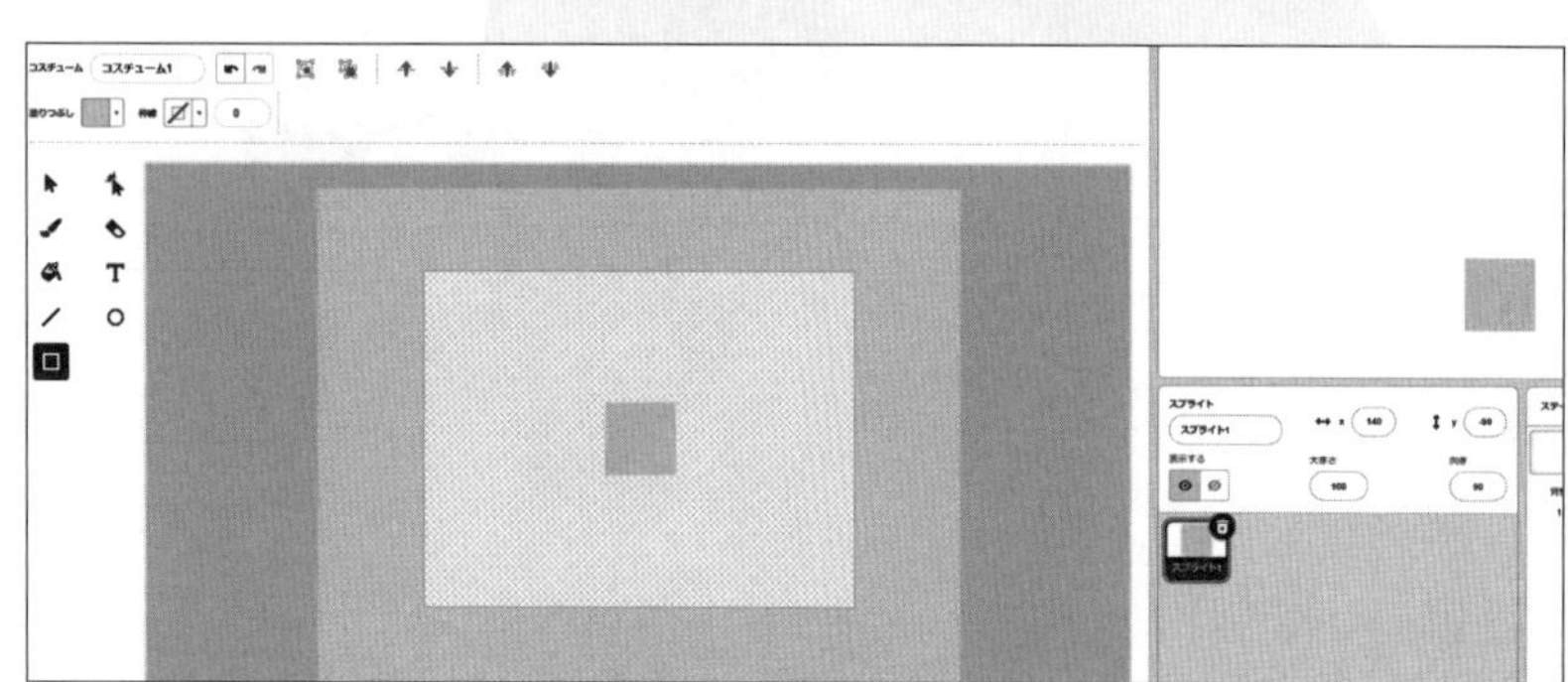

【図１】四角のスプライトを作る

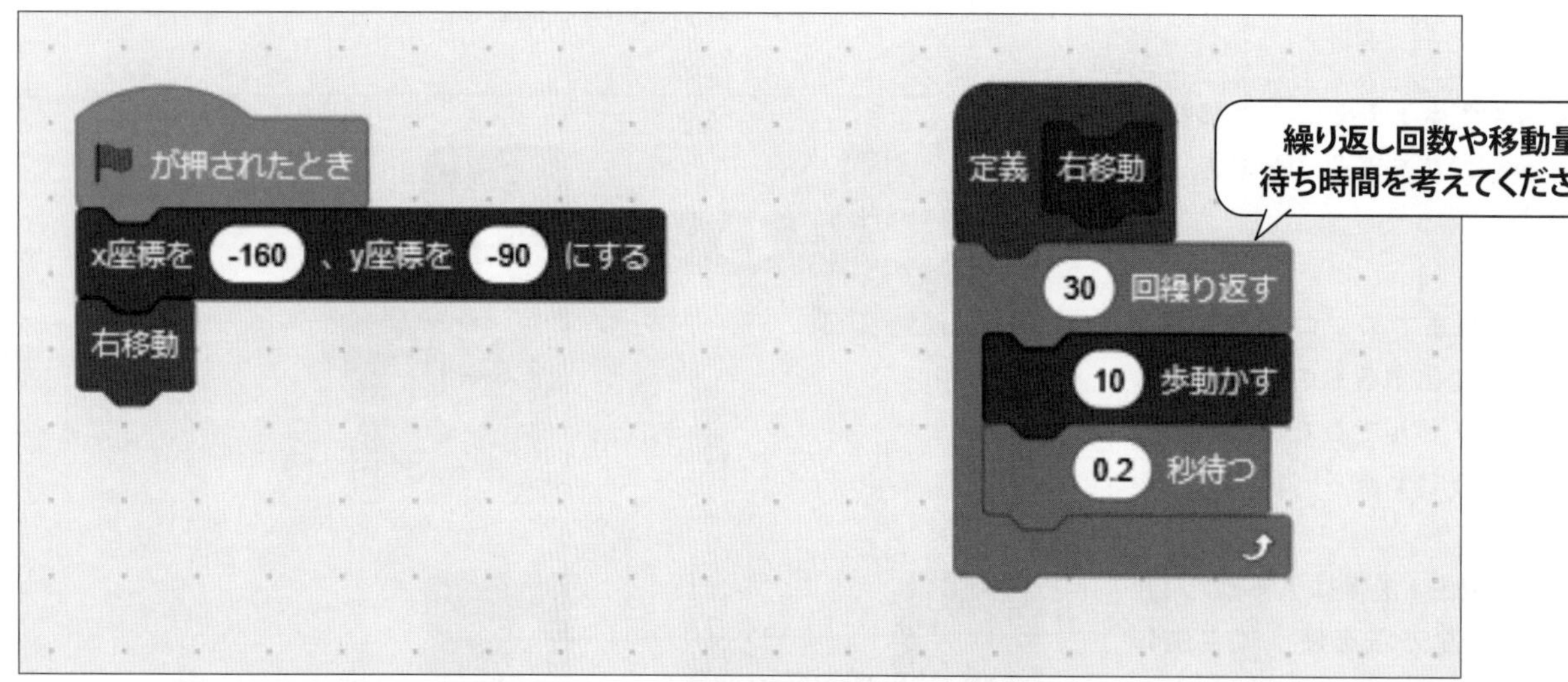

【図２】右移動

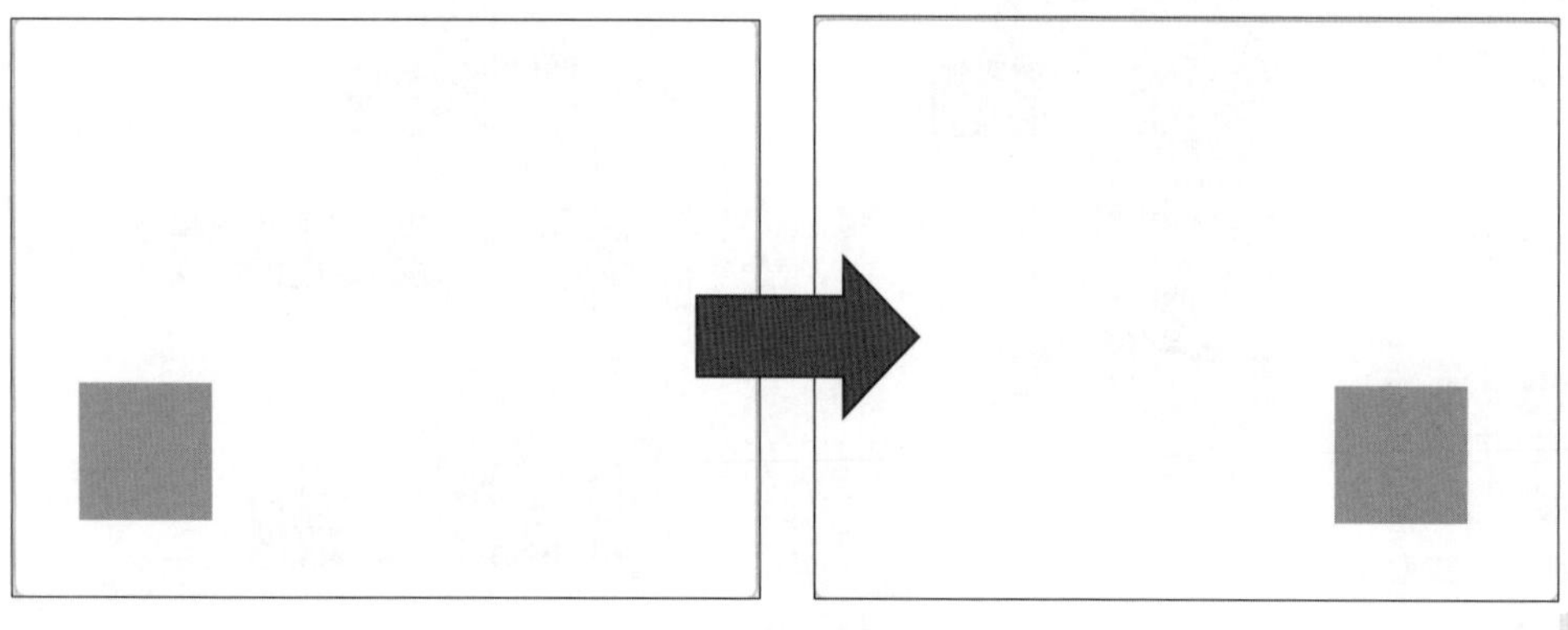

【図３】右移動の結果

81ページ本文につづく➡

for 中学生
らくらくプログラミング

プログラミングトレーナー　あらき はじめ

第18回

プログラム作りは楽しいって、思えてきましたか。誌面のラムさん、ログくんも、その楽しさがわかってきたそうです。ラムさん、ログくんの疑問に、らくらく先生が答えながら、解説していきますので、みなさんも2人といっしょに楽しみましょう。

解説部分は下のQRコードからWebページに入れば、誌面とリンクした内容で、さらに学びを深めることができます。

URL : https://x.gd/c2Ava

あらき はじめ　大学でプログラミングを教えていた先生。「今度は子どもたちにプログラムの楽しさを伝えたい」と、まだまだ元気にこの講座を開設。

画像：PIXTA

アニメーションを作る①
誕生日カードを作るための準備

らくらく先生：今回も楽しくプログラムを作っていこう。

今回から初めてこの記事を読み始めた人は、記事の補助としてWebページを作っているのでそれを参考にしてください。そのページにツール（Scratch）の登録方法や使い方が書いてあるので、それを読みながらプログラムを作っていってね。

いっしょに勉強しているラムさん、ログくんと少しずつプログラムに慣れていきましょう。大事なのは楽しく、色々と想像しながら進めていくことです。

ラム：先生、今回はどんなプログラムを作っていくのですか？

ログ：前回は「〇×ゲーム」を作りましたが、今回はどんなゲームですか？

らくらく先生：これまでと同じように、最終的にみんなが楽しめるプログラムを作っていきたいと思う。

今回の最終的な目標は「誕生日カード」だ。おじいさん、おばあさん、お父さん、お母さん、友だちの誕生日をお祝いするカードをプログラムで作ろう。

色々な誕生日祝いのカードができると楽しいよね。そして、みんなが作った誕生日カードのプログラムを教えてもらえると、もっと楽しいはずだ。

ラム：カードといってもプログラムで作るということは、なにか仕かけがあるのですか？

らくらく先生：そうだね。最終的にはカードのプログラムを動かすとキャラクターが踊ったり、音楽や効果音が流れたりする、とても幸せな気持ちになるものができたらいいと思うんだ。

ログ：初めはどんなことに気をつけて作ればいいのでしょうか？

らくらく先生：プログラムでカードを作るので、まずはアニメーションを使ってなにかを動かすことをやってみよう。アニメーションといってもテレビで見るような長いものを作るのではなく、そのな

そうだったのか！

中学生のための経済学

山本 謙三

オフィス金融経済イニシアティブ代表、前ＮＴＴデータ経営研究所取締役会長、元日本銀行理事。

「経済学」って聞くとみんなは、なにか堅〜いお話が始まるように感じるかもしれないけれど、現代社会の仕組みを知るには、「経済」を見る目を持っておくことは欠かせない素養です。そこで、経済コラムニストの山本謙三さんに身近な「経済学」について、わかりやすくお話しいただくことにしました。今回は、消費者である私たちも無視できない、市場の競争に関するお話です。

「競争」や「独占」とはどんな状態？

市場には競争の促進や監督が必要

1980年代末から1990年代はじめにかけて、ソビエト社会主義共和国連邦（現・ロシア連邦）や東欧諸国の社会主義政権が次々に倒れ、第二次世界大戦後長く続いてきた「市場経済と計画経済のどちらが優れているか」という論争に終止符が打たれました。政府が資源の割りあてからモノの生産、配分までをコントロールする計画経済の仕組みは、実際には機能しませんでした。日米欧などの資本主義国が拠って立つ市場経済に、一応の軍配が上がった形です。

しかし、市場経済に任せているだけでは、格差問題などは解決しません。また市場経済のメリットを活かすには、競争を促進するための仕組みや監督が必要となります。市場を放置すれば、後述するような独占や寡占が生まれ、競争が阻害されるリスクがあるのです。

「競争状態」は市場価格を左右する

経済学では市場の競争状態を4種類に分けて考えます。第1は「完全競争」で、多くの小規模な企業がそれぞれ類似する製品を作っている状態を想定します。小規模で多数のため、企業は製品の価格を設定するとき、市場価格をそのまま受け入れざるをえません。もし、ある1社が利益を増やそうと販売価格を引き上げたとしても、ほかの企業との競争に負け、販売量を大幅に減らすことになります。

経済全体からみると、企業は一定以上の利益を上げているなら、少しでも販売価格を引き下げて販売量を増やそうとするでしょう。

市場価格より少しでも低い価格設定を行えば、販売量を一挙に増やすことができます。すべての企業がそうした行動をとれば、製品全体の市場価格は下がり、結果的に生産コストに近い水準まで低下するでしょう。この場合、企業の手元に残る利益はわずかとなります。

これが完全競争の論理で、消費者にとっては有利な市場価格が成立し、生産者にとっては、わずかな利益は確保できるものの、経営は厳しい状態となります。

第2は「独占」です。完全競争の真逆で、1社の大企業が市場を支配している状態をいいます。独占企業は販売価格をかなり自由に決められます。販売量は、最終的には需要（消費者の購入希望）の多寡で決まるので、いくらでも高い価格をつけられるわけではありませんが、生産コストに一定の価格を上乗せできるため、企業に大きな利益をもたらします。

©PIXTA

経済全体からみると、完全競争の場合と比べ、消費者は割高の価格を受け入れざるをえなくなります。また、生産者はあまり努力せず利益を確保でき、品質向上を怠ることも考えられ、望ましい状態ではありません。

第3は「独占的競争」です。街のラーメン店がマーボーラーメンを提供しているとしましょう。このマーボーラーメンは他店とは明確に違う商品として高評価を得ており、地域のマーボーラーメン市場として、事実上独占的地位にあるとします。この場合、ある程度価格を高めに設定できるでしょう。しかし競合する他店も、タンメンなど別の商品に工夫を凝らして対抗する可能性が高いので、独占のケースほど高い価格をつけられません。タンメンが好評で多くの人が他店に行けば、どんなに評判のよいマーボーラーメンも売り上げが落ちるからです。その意味で独占的競争は、独占よりも完全競争に近いとされています。

第4は「寡占」です。寡占は1社による独占ではなく、少数の大企業が市場を支配している状態です。この場合は少数の企業同士で激しい競争をするケースと、少数の企業が暗黙のうちに価格を高めの水準に設定してしまうケースがあります。後者は独占に限りなく近く、マクロ経済的[※1]に望ましくありません。

監視役となる公正取引委員会

独占や寡占によって生じる弊害を除去し、できる限り完全競争に近い状態が成立するよう市場を監視する役目を担うのが、国の機関である公正取引委員会です。独占禁止法（私的独占の禁止及び公正取引の確保に関する法律）の定めにより、公正で自由な競争を促しつつ、企業が自主的な判断で自由に活動できるようにすることを目的としています。

具体的には「私的独占の禁止」「不当な取引制限（カルテル[※2]・入札談合[※3]）の禁止」「企業結合（合併や事業譲渡など）の規制」などです。これに沿って、大規模合併の際の事前届け出に問題がないか審査したり、入札時の談合で価格操作が発覚した際に刑事告発を行ったりしています。市場の競争は、こうした枠組みのもとで確保されているのです。

なお、電気やガスのように、産業によっては当初の設備投資に巨額の費用がかさむため、おのずと独占状態に向かいがちなケースがあります。この場合には、価格の認可制の導入など、国や地方自治体が直接関与して、消費者の不利益を防ぐ仕組みがとられています。

※1　マクロ経済＝企業や家計の個別の分析でなく、それらの経済活動を集計し、一国の経済全体に焦点を当てた分析。
※2　カルテル＝本来、各企業が自主的に決めるべき商品の価格や販売数量を、複数の企業が連絡を取りあって共同で取り決める行為。
※3　談合＝公共工事などの入札で、参加予定企業が事前に話しあい、受注企業や受注金額などを決めてしまう行為。

淡路雅夫の

中学生の味方になる子育て 第17回
楽しむ 伸びる 育つ

profile 淡路雅夫（あわじ まさお） 淡路子育て教育研究所主宰。國學院大學大学院時代から一貫して家族・親子、教育問題を研究。元浅野中学高等学校校長

目的や目標を持つことは自らの人生を豊かにする

今回は「目的や目標は人を育てる」ということをテーマにお話しします。「目的」というゴールがあり、それに到達するまでの過程、そのときどきに立てられるのが「目標」です。

思春期といわれる時期にあたる中学時代。その年ごろは自我の発達段階でもありますので、学習上の問題はもちろん、友だちとの対人関係や、将来自分はどのように生きるのか、生きる目的は？　など色々なことに思い悩む時期でもあります。

精神的に成長すればするほど、思い悩むことは多くなります。悩みながら自己を形成していくのが、この時期の特徴でもあるのです。

生活のなかで自分の思うようにはいかなかったり、考えていた結果にはおよばないことも増えてくると思います。そのようなときは、柔軟な姿勢と挑戦の意識を強く持ち、目標を立てて行動することが大切です。小さな一歩でもよいので、自己の得意を通して「できること」を増やし、達成感という充足を得てください。それが自己肯定感にもつながります。

人は「つねに変わることのできる能力」を備えています。人の真価は、１つの基準や物差しでは測れません。ですから、たとえ壁にぶつかっても、早計に自分への評価を決めつけることなく、広い視野で自己を分析し、次の自分を見つめることです。

みなさんは「節目」という言葉を耳にしたことはありませんか。

例えば、１年の始まりである「正月」は、過ぎ去った年を振り返り、新たな年がよい年になるよう目標や誓いを立てる「区切り」です。

学校にも節目があります。入学式に卒業式、始業式や終業式などです。

節目とは人が進歩するための区切りであり、気持ちも新たに進むため、いったん「立ち止まる場所」です。

毎日の生活にも節目を設けましょう。「今日の自分はなにを学び、昨日より成長していたか」と振り返り、確認することが大切です。そして足りなかった部分を分析し、考えることで、明日からに備えることができます。その繰り返しが将来の夢や目的の実現につながるのです。

昨日の自分を振り返り明日への課題を考える

そこで、昨日の生活をふまえて、明日からの目標や、将来成し遂げようとする目的を考えるときのポイントをお話しします。

目標を立てるときには、他人の真似はしないことです。人にはそれぞれ特徴があり、生活基盤も異なりますから、他人と比較しても意味はありません。他人の行動は自分を育てるためのヒントととらえましょう。

比べるべきは、昨日までのあなた自身の生活です。なにが足りていてなにが足りなかったのかをよく分析することです。

足りているところはさらに活かし、足りなかったところは、原因やその背景を分析して改善することです。

可能な目標を立て、まずは一歩を踏み出しましょう。それがたとえ三日坊主に終わったとしても、再び三日坊主を繰り返せばよいのです。それでも難しい場合には、目標を少し修正すればよいと思います。

大事なことは、課題を改善するために目標を立てて踏み出し、実践し、それを習慣化することです。

目的を定めて夢を持ち日々の目標に沿って生きる

最近は「君はどのように生きるか」が問われ、将来を考えることが求められています。しかし、悩みの多い思春期のいま、「どんな人生を送りたいか」と問われても、考えるのは難しいですね。しかし、いつも振り返りを意識して、自らを分析し、明日に活かすことはできるはずです。その延長線上に将来があるのです。

これまで多くの人は、みんなと同じ人生、人と横並びの人生を過ごすことをめざしていたかもしれません。

しかし、これからの長い人生、自分の好きなことや得意なことを活かして生きるという考え方もあっていいのではないでしょうか。

自己の好奇心に従って、自らが得意なことを趣味や仕事にして生きるのも幸せな人生といえます。

中学校や高校の生活では、自己の得意を探し、それを磨く体験ができます。

目的や目標をはっきりとさせて、それに向かって突き進めば、自己の生活の「軸」ができます。

あなたの人生は、あなただけのものです。生活の目標や将来の目的を定め、夢を持って生きることをおすすめします。今日の生活は、自分らしい人生の準備であり備えなのです。

〈つづく〉

気になる身になる みんなのニュース

「セキュリティークリアランス制度」創設法成立

経済安全保障上、重要な情報へのアクセスを国が信頼性を確認した人に限定する「セキュリティークリアランス（SC、適格性評価）制度」の創設に向けた法律（＝SC法）が5月の参議院本会議で可決・成立しました。「SC制度」とは、漏洩（ろうえい）すると日本の安全保障に支障を与えるおそれがある情報を「重要経済安保情報」に指定し、これらの情報の取り扱いを国が信頼性を確認した人に限定するものです。

確認にあたっては、本人の同意を前提に、国が家族や同居人の名前や国籍などのほか、本人の犯罪歴、薬物、飲酒に関する情報や経済的な状況などを調査することになっています。重要情報を漏洩した場合は、5年以下の拘禁刑や500万円以下の罰金が科されるほか、勤務先の企業にも罰金を科すことができるとしています。

「SC制度」が創設されることで、海外で通信事業を展開したり、共同研究に取り組んでいる日本の企業からは、国際的な信用が高まり、ビジネスチャンスが広がるとの期待の声が上がっています。

重要情報の漏洩を防ぐ法律としては、2013年に成立した特定秘密保護法もあります。防衛や外交、スパイ、テロの分野で秘匿が必要な情報を「特定秘密」に指定し、国が信頼性を確認した人に限定して取り扱いを認める内容です。アメリカと中国の対立やロシアによるウクライナ侵攻などで、経済安全保障の強化が求められるなか、「SC制度」は、重要インフラやサプライチェーン（供給網）の脆弱性に関する情報など、特定秘密保護法で対象とされているもの以外の重要な情報を保護する狙いがあります。

一方、SC法では、調査で得られた個人情報や調査結果は、重要経済安保情報の保護以外の目的で利用したり、提供したりしてはならないと定めています。法律の適用にあたっても、「拡張して解釈して、国民の基本的人権を不当に侵害するようなことがあってはならない」とも規定しています。いずれも、プライバシーへの配慮からです。今後、政府の有識者会議で「重要経済安保情報」の具体的な内容などを定める方針です。

日本の安全保障をより確かなものにするためにも、「SC制度」の適切かつ効果的な運用が求められます。

佐々森 友
（ジャーナリスト・元大手紙記者）

「セキュリティークリアランス制度」を創設する新法を可決、成立した参議院本会議（2024年5月10日午後、国会内）写真：時事

思わずだれかに話したくなる

名字の豆知識

第42回

都道府県別の名字 今回は

長野

山岳県長野に多い名字は？

トップは「小林」長野県ベスト20

長野県は信濃国一国をもって成立しました。日本の中央に位置し峻険な山々に囲まれた県です。長野県は北信、中信、南信、東信の4地方に分かれます。それぞれ長野市、松本市、飯田市、佐久市を中心としており、山々に遮られて、それぞれが独自の文化、伝統を持っています。

信濃は「科（科木）の生い茂る野」からついた名といわれており、県名は長野市を県庁所在地としたことからつきました。長野の名は「南北に長い野」からついたとされています。

では、長野県の名字ベスト20です。小林、田中、丸山、中村、伊藤、佐藤、清水、高橋、宮沢、山崎、柳沢、林、宮下、山田、竹内、原、滝沢、渡辺、鈴木、中島（新人物往来社『別冊歴史読本　日本の苗字ベスト１００００』より）。

トップは小林です。小林がトップにくるのは長野県だけです。さすがに江戸時代の偉大な俳人、小林一茶を生んだ地でもあります。

渓谷の多い長野県ならではの名字も

ベスト20のうち、全国のベスト20に入っていないのは、丸山、宮沢、山崎、柳沢、宮下、竹内、原、滝沢、中島の9姓です。このうち、丸山は新潟県で、山崎は埼玉県と富山県で、中島は群馬県と富山県で、竹内は福井県で、宮下は「山本」の回でみました。残りの宮沢、柳沢、原、滝沢の4姓についてみてみましょう。

宮沢は全国３５０位、長野県では9位。全国の宮沢さんの３人に１人が長野県在住です。とくに北信に多く長野市では2位です。

柳沢は全国３４８位、長野県では11位。全国の柳沢さんの３人に１人が長野県在住です。大名の柳沢氏は甲斐国巨摩郡柳沢（現・山梨県北杜市武川町柳澤）発祥、武田氏に仕え、武田氏滅亡後は徳川家康に仕えました。その子孫の柳沢吉保は、徳川綱吉が館林藩主であった際に小姓として仕え、のちに綱吉が5代将軍となるにおよんで側用人に登用され、さらに大名に栄進しました。長野県の柳沢氏はその一族が北上して栄えたものです。

原は全国63位、長野県では16位。原は島根県が6位でトップ、長野県は2番目です。

滝沢は全国320位、長野県では17位。全国の滝沢さんの4人に1人は長野県在住です。意味は字義の通りで、さすがに多くの渓谷を持つ県ならではの名字です。

山々に囲まれた地で多数の氏族が栄えた

これ以外で長野県に多い名字です。

百瀬は全国952位、長野県では38位。全国の百瀬さんの2人に1人以上が長野県に住んでいます。長野県の固有姓です。信濃国筑摩郡百瀬（現・長野県松本市）発祥で、とくに中信に多く、松本市などでは最多姓です。

赤羽は全国968位、長野県では57位。信濃国伊那郡赤羽（現・長野県上伊那郡辰野町赤羽）発祥です。

藤森は全国572位、長野県では58位。

小口は全国950位、長野県では66位。

五味は全国939位、長野県では88位。

片桐は全国466位、長野県では90位。信濃国伊那郡片切（現・長野県上伊那郡中川村片桐）発祥。第56代清和天皇の孫、源経基の5男、満快の玄孫、為公の5男、為基が伊那郡片切を領して片切を名乗りました。室町時代は小笠原氏に従い、戦国時代は武田氏に従いました。豊臣秀吉に仕えた片桐且元は一族です。

三沢は全国722位、長野県では92位。

春日は全国854位、長野県では100位。信濃国佐久郡春日（現・長野県北佐久市望月）発祥。古代には第5代孝昭天皇と第30代敏達天皇の子孫に春日氏がいます。また、村上源氏に春日氏がいます。春日は大和や平城京の佳名で、奈良県奈良市には春日大社があります。

源為義の孫、源義仲は信濃国木曽に住んで、子孫は木曽氏を名乗りました。義仲の子孫は戦国時代まで栄え、一族からは高遠、上野、馬場、熱川、上松、三富氏などが分かれました。

現在の長野県諏訪市を中心に栄えた諏訪氏は清和源氏で、大祝という諏訪大社の神官を務めたことから名字として諏訪を名乗りました。戦国時代には武田氏と争い敗れましたが、江戸時代は一族が信濃国高島藩（現・長野県諏訪市高島）で3万石の大名となり、明治には子爵になりました。

真田十勇士で有名な真田は本姓滋野氏で、古代からの信濃の名族です。江戸時代は信濃国松代藩（現・長野県長野市松代町）で10万石の大名となり、明治時代には伯爵となりました。

このほか両角、春原なども全国の半数以上の人々が居住する長野県の固有姓です。

諏訪大社では諏訪氏が神職を務めた歴史がある

御柱祭

諏訪大社
上社本宮

13歳からはじめる読解レッスン

長文だってこわくない！

かんじくん
将来は海外で働くことを夢見る中学2年生。吉岡先生のもと、国語力アップをめざす。英語も大好き。

かなさん
かんじくんの妹。読書が大好きな中学1年生。国語をもっともっと本格的に学びたいと思っている。

「国語大好き！」「国語って勉強する必要あるのかな？」「読解力ってどう上げるんだ!?」と思うすべての中学生に贈る現代文の読解レッスンのページです。合言葉は「長文だってこわくない！」。

吉岡友治先生（よしおかゆうじ）
日本語の論理的文章メソッドを確立し幅広く活動する。参考書などを多数執筆。

第4回　物語をより深く読むために

物語は場面に分かれる

さあ、今日から物語文に入ろう。

「小説」じゃなくて「物語」ですか？

そう。第2回でも紹介したように小説（Novel）は比較的新しいんだ。そもそもNovelって新しい（物語）という意味。現代文だから「物語」は自然と小説になる。さて、物語の特徴はまず複数の場面（Scene）で構成されていることだ。

場面ってなんですか？

いつ・どこで・だれが・なにをしたか？　で区切る

1つのまとまりぐらいの意味だね。物語って具体的に「いつ・どこで・だれが・なにをしたか？」で分けることができる。そのひとまとまりを場面というんだ。もともとは演劇用語なのだけどね。

例えば恋愛小説なら、AさんがBさんに好きな気持ちを告白したけど振られた、までが一場面？

そうだね。告白は一気にするもので、二部分に分けてする人はないよね。

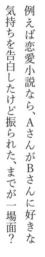

でも、あちらではBさんに、こちらではCさんに告白するなんてのはありそう。

その場合は、「なにをしたか？」にかかわってくる人がBさん、Cさんの2人になる。だからBさんに告白する・Cさんに告白するの二場面になる。1つの行動のなかでは「いつ・どこで・だれが」が続いている。

振られたあとに、自宅で「告白しなきゃよかった」と後悔すると、そこでまた一場面増えるんですね。

物語には要約問題はない

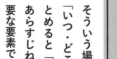

そういう場面を全部つなげて考えて、全体的に「いつ・どこで・だれが・なにをしたか？」をまとめると「あらすじ」になる。要約じゃなくてあらすじね。なぜなら、あらすじには小説の重要な要素である「心情」が入っていない。

小説の心情問題って苦手です。そもそも他人の気持ちなんか想像したって簡単にわからないでしょう？　なぜ、それを無理矢理答えさせるんですか？

国語が不得意な人はよくそう言うね。確かに、心情は想像したら答えられない。

え？　想像するのはダメなんですか？　私なんか、「登場人物はなにを感じているんだろう？」とあれこれ想像にふけるのが楽しいのですが……。

でも想像も、小説の文章表現に影響されるものなんだ。だからこそできるんだよ。勝手な想像

にふけっちゃうと誤答になる。ある有名な小説家は、他人の小説が読めないと言っていた。1ページ読んで、先をあれこれ想像しちゃうから読めなくなっちゃうんだって。

それはスゴイ才能だけど、試験には不向きですね。

心情を推理する2つの方法

だから、心情は想像しちゃいけない。推理しなきゃ。小説の書かれ方から「きっとこういうことを感じているに違いない」って考えるんだ。

でも、どうやって？

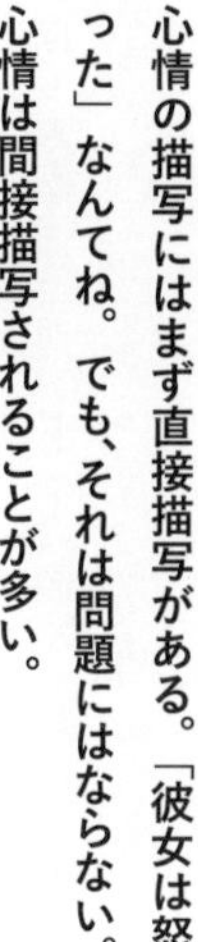
心情の描写にはまず直接描写がある。「彼女は怒った」なんてね。でも、それは問題にはならない。心情は間接描写されることが多い。

「彼女は机をドンと叩いた」は怒りで、「壁ドン」なら好意だとか？

行動から心情を推理する方法だね。

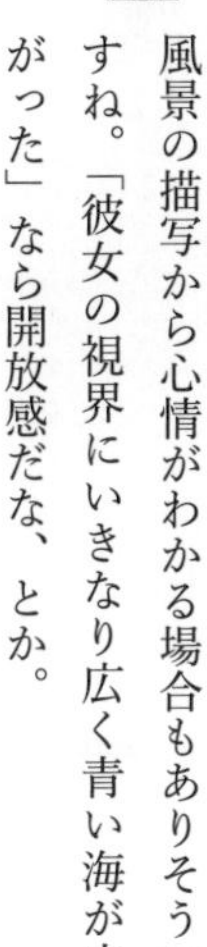
風景の描写から心情がわかる場合もありそうですね。「彼女の視界にいきなり広く青い海が広がった」なら開放感だな、とか。

それが情景描写。風景の描かれ方が心情を表すよ。風景を見ているのは登場人物だから、その人の心情に影響された見え方になる。「いきなり暗い海が目の前に広がった」なら失望とか。

風景を表すのに用いられる言葉を細かく見れば、どんな心情なのかだいたいわかりますね。

要するに「言葉の選び方＝表現」から、その元となった心情はこうではないか、と色々と推理するのが物語における「心情の読み取り」なんだ。

比喩のパターンを整理する 直喩と隠喩

でも、それを読み取るためには、色々な表現の仕方を知っていなければなりませんね。

だから国語では、表現方法やその意味を問われることがある。とくに重要なのが「比喩」だ。

「比喩」って直喩や隠喩※ですか？

直喩は「……のようだ」という言い回しを使ってイメージを伝える。「蟻が蝶の羽をひいて行くああヨットのやうだ」（三好達治『土』より）とか。

隠喩は「ようだ」を使わないんでしたっけ？

ああ。推理ドラマなどで「あいつは警察のイヌだ」と悪漢が言ったとしても、人間のことで警察犬の話ではない。

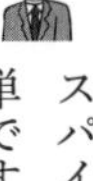
スパイや手下のことを言っているんですね。簡単です。

換喩と提喩もよく使う

このほかに換喩と提喩もよく使うよ。

なんですか、それ？ 初めて聞きました。

換喩は一部で全体を表すこと。「赤ずきん」と言えば単に赤いずきんじゃなくて、いつも赤いずきんをかぶっている女の子のことだよね。一方、提喩は「類で種を表したり、種で類を表したりすること」だよ。例えば「白雪姫」は肌の色が白くて美しいお姫さまという意味だけど、なんで「雪」がつくのかな？

「雪」は白くて美しいものの具体例だから。

白いもの（類）には、白髪も白雪も白紙（種）もあるけど、代表例として「雪」という言葉を使っているんだよ。

わざと意味を狭めて述べているんですね。じゃあ逆も言えそうです。「空から白いものが降ってきた」も提喩ですか？

より一般化した言い方だね。

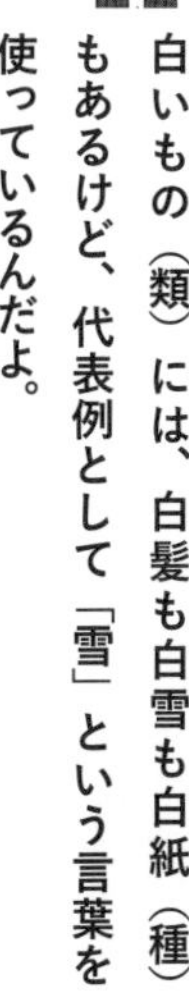

誇張したり婉曲したり

「白髪三千丈」なんて表現もありますね。

※直喩は明喩、隠喩は暗喩とも言います。

それは誇張法。一丈は約3メートルだから、そんなに髪が長いはずはないけど、そう感じるほど白髪が伸びているさまを表している。もともとは「悲しいことが積み重なって髪が白くなった」という意味だけど。

婉曲法も習いました。京都でお客に「ぶぶ漬けどうどす？」と言うと「早く帰れ！」の意味だとか。

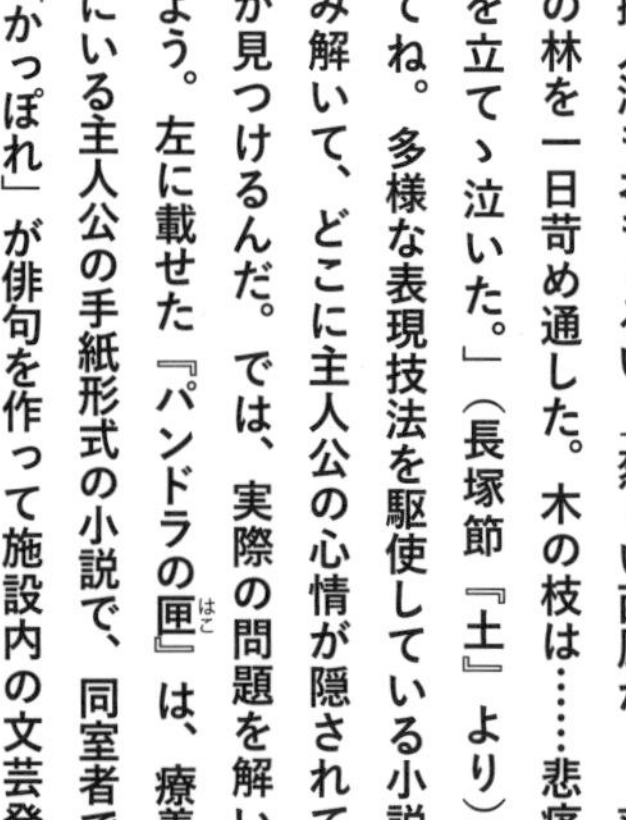

擬人法もおもしろい。「烈しい西風が……落葉木の林を一日苛め通した。木の枝は……悲痛の響を立てゝ泣いた。」（長塚節『土』より）なんてね。多様な表現技法を駆使している小説を読み解いて、どこに主人公の心情が隠されているか見つけるんだ。では、実際の問題を解いてみよう。左に載せた『パンドラの匣』は、療養施設にいる主人公の手紙形式の小説で、同室者である「かっぽれ」が俳句を作って施設内の文芸発表会に提出する場面だ。

小説を読んでみよう！

次の文章は、太宰治「パンドラの匣」の一節である。これを読んで、後の問いに答えよ。

2023年度大学入学共通テスト追・再試験第2問
（太宰治『パンドラの匣』による）

……とにかくその十ばかりの句を拝読した。……乱れ咲く乙女心の野菊かな、なんてのは少しへんだが、それでも、……怒るほどの下手さではないと思った。けれども、最後の一句に突き当って、はっとした。

露の世は露の世ながらさりながら

誰やら（編集部注・小林一茶）の句だ。これは、いけないと思った。けれども、それをあからさまに言って、かっぽれに赤恥をかかせるような事もしたくなかった。

「どれもみな、うまいと思いますけど、この、最後の一句は他のと取りかえたら、もっとよくなるんじゃないかな。素人考えですけど。」

「そうですかね。」かっぽれは不服らしく、口をとがらせた。「その句が一ばんいいと私は思っているんですがね。」

Bそりゃ、いい筈だ。俳句の門外漢の僕でさえ知っているほど有名な句なんだもの。

「いい事は、いいに違いないでしょうけど。」

僕は、ちょっと途方に暮れた。

「わかりますかね。」かっぽれは図に乗って来た。「いまの日本国に対する私のまごころも、この句には織り込まれてあると思うんだが、わからねえかな。」と、少し僕を軽蔑するような口調で言う。

「どんな、まごころなんです。」と僕も、Cもはや笑わずに反問した。

※本文・注、一部改編

「いつ・どこで・だれが・なにをした？」で考えるなら、ある朝（いつ）、療養施設で（どこで）、「僕」が（だれが）、かっぽれの作った俳句……実はこれは盗作なのだけど、その感想を言う（なにをした）、と整理することができます。

私、太宰治って大好き。『人間失格』とか『ヴィヨンの妻』とか、ダメ男を描くと抜群ですよね。

でも彼はユーモア小説も得意でね。『畜犬談』とか『津軽』とかもおもしろいよ。今回の作品もユーモア小説の系統だ。ではまず、次のページに示した【問題①】を読み、行動から心情の推理をしてみようか。

うわー。選択肢の文章が長い。選択肢を読んでいるだけで試験時間が終わってしまいそう。

でも、前に書いてある事情と照らしあわせると、自然に解答を導き出せるはずだよ。

まず前提として、かっぽれの句は盗作なので問答無用でダメですよね。だから①「よりよい作品へと昇華させ」られないし、②「稚拙な俳句に対して笑いをこらえるのに必死」でもない。

③「お互いの上下関係を明確にするため」は変だと思います。僕とかっぽれは同室の患者なのだから、上下関係はない。④か⑤に絞られますね。

小説の問題を解いてみよう！

【問題①】傍線部C「もはや笑わずに反問した」とあるが、それはなぜか。その理由の説明として最も適当なものを、次の①～⑤のうちから一つ選べ。

① 俳句に対する「かっぽれ」の真摯な態度に触れる中で、「僕」は笑いながら無難にやり過ごそうとしていた自らの慢心を悔いて、よりよい作品へと昇華させるために心を鬼にして添削しようと意気込んだから。

② 「かっぽれ」の稚拙な俳句に対して笑いをこらえるのに必死であったが、俳句に対する真剣な思いをとうとうと述べるその姿に触発されて、「僕」も本気で応えなければ失礼に当たると深く反省したから。

③ 「僕」に俳句の知識がないと見くびっている「かっぽれ」に対し、提出された俳句が盗作であることに気付いていることを匂わせ、お互いの上下関係を明確にするため決然と異議を唱えておきたいと考えたから。

④ 「かっぽれ」の俳句に対して曖昧な批判をしたことで、「僕」には俳句を評する力がないと「かっぽれ」が侮ってきたため、俳句に込めた彼の思いをとことん追及することでその言い分を否定しようとしたから。

⑤ 「かっぽれ」の顔を立てて名句の盗用について直接的な指摘を避けるうちに、「かっぽれ」が「僕」を軽んじる態度を取り始めたため、調子を合わせるのを止めて改まって発言の趣旨を聞きただそうとしたから。

【問題②】傍線部B「そりゃ、いい筈だ。俳句の門外漢の僕でさえ知っているほど有名な句なんだもの。」とあるが、ここに見られる表現上の特徴についての説明として最も適当なものを、次の①～④のうちから一つ選べ。

① 傍線部の前後では「かっぽれ」を傷つけないために断定を避けた表現が重ねられているが、傍線部では「かっぽれ」の言うことを当然のこととしながらも「そりゃ」「なんだもの」と軽い調子で表現され、表面上の「僕」の配慮と、盗作に無自覚な様子の「かっぽれ」に対するあきれや困惑といった本音との落差が示されている。

② 傍線部の直前にある「素人考えですけど」が「僕」の控えめな態度を表すのに対し、傍線部にある「門外漢の僕でさえ」という表現は「かっぽれ」をおとしめて盗作を非難するものに変化しており、類似した謙遜表現の意味合いを反転させることで、不遜な態度を取る「かっぽれ」への「僕」の怒りが強く示されている。

③ 傍線部の「そりゃ、いい筈だ」が直後の「いいに違いないでしょうけど」と、「門外漢の僕でさえ」が直前の「素人考えですけど」とそれぞれ対応しているように、形を変えつつ同じ意味の表現を繰り返し用いることで、言葉を尽くしてもいっこうに話の通じない「かっぽれ」に対する「僕」のいら立ちが示されている。

④ 傍線部で「そりゃ、いい筈だ」「なんだもの」とぞんざいな表現が使われることで、同室者との会話では常に丁寧な口調で語る「僕」の様子が明らかになり、「わからねえかな」と乱暴な口をきく「かっぽれ」の横柄な態度が浮かび上がっており、良識のある「僕」と名句を流用する非常識な「かっぽれ」との対比が示されている。

そうだね。あとは「もはや笑わずに反問した」という行動がどういう心情に基づくのか考えよう。

Cの直前に「少し僕を軽蔑するような口調で言う」とあるから、僕の方も頭に来たのだと思う。

でも、それが④「とことん追及することでその言い分を否定しよう」までつながるかな？　前に「あからさまに言って……赤恥をかかせたくなかった」と書いてあるので、ここでは、それまで傷つけまいと気遣っていた態度を改めて、ちゃんと問いただそうとしたという流れの方が自然ではないかしら？

とすれば⑤が正解となる。こんなふうに理詰めで推理すれば想像しなくていい。【問題②】は表現にかかわる問題だ。

ここは、①が正解だと思います。だって、ここは「内心の声」ですよね。本文には「もはや笑わずに」とあるので、それまで笑いながらごまかしていたのが真剣になり、正直な気持ちが出てきたのだと思います。

かっぽれが盗作に無自覚なのに困惑しているのかも。②は「おとしめて」が変だし、③は「言葉を尽くして」だと内心の声じゃなくなる。④のように「良識のある」と「非常識」という性格の客観的な違いでもないと思います。

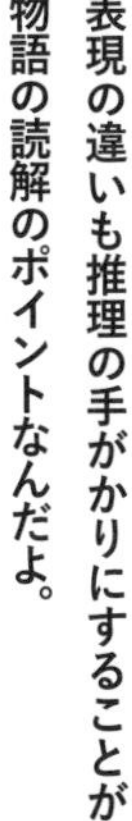

表現の違いも推理の手がかりにすることが小説・物語の読解のポイントなんだよ。

古事記と『「漢書」地理志』

歴史に詳しいヒストリー教授に歴史のあれこれを教わろう！　今回は2つの歴史書の話だよ。

教授　日本の歴史を記した、日本で一番古い本といえば？

千代　『古事記』！

教授　そうだね。では日本のことを記した、世界で一番古い本はなに？　この本は『古事記』（712年）よりも古いよ。

暦　それは中国の『「漢書」地理志』（80年ごろ）です。中国の正史の1つだよね。

教授　その通り。この2つはなにが違うのかな？

千代　『古事記』には日本の神話が書いてあります。

教授　『古事記』上中下の上巻に、神代の話として、国の始まりあたりの神話が書かれているね。中巻と下巻は初代とされる神武天皇から最初の女帝・推古天皇までの話が書かれているよ。

暦　その続きの話はないの？

教授　あるよ。『古事記』の次の『日本書紀』（720年）も神代から始まるけれど、もっと先の持統天皇で終わる。それ以降も日本にはたくさん日本史の本があるけれど、その話は別の機会に話すね。

千代　『「漢書」地理志』にも『古事記』と同じようなことが書いてあるの？

教授　書いていないよ。じつは『漢書』の付録みたいなものが「地理志」なんだ。当時の中国周辺の実力者たちは、中国の皇帝へ貢ぎものをして家来にしてもらい、倭王などの王に任命された。中国の存在感も借りて自分の力を固めたんだ。周辺の実力者の使者がどんなお土産を持参したか、簡単な歴史やどんな様子の地域なのか、などが「地理志」に書いてあるんだよ。

暦　えっ、それって朝貢した国の、ほとんどお土産記録帳？

教授　そうとも言えるかもね。『漢書』の大部分は漢王朝の歴史で、その付録に日本のことも少し書いてある、ということなんだ。

千代　少しあとの『「魏志」倭人伝』に登場する卑弥呼は、『古事記』にも『日本書紀』にも出てこないんでしょ。

教授　同じ時代の日本のことを書いているのに、そもそも視点も量も、そしておそらく熱心さも違う。卑弥呼にあたる人物は描かれているのかもしれないけれど……。

千代　特定できないのね？

教授　色々な本の記述や事実とされることを比較して、考古学の成果も取り混ぜて、それぞれの立場から、大体こんなふうだったんだろうと考えて、なんとか1つの筋書きにするのが歴史の研究なんだよ。それが論文や教科書にもなる。しっかり学んで、ゆくゆくは自分のなかにも自分の立場で考えた歴史を築いていこうね。

暦 千代　ハイ！

楽浪郡の海の向こうに
倭人がいて百余りの
小国に分かれて
暮らしている
その倭人たちは定期的に
漢に朝貢に来ていた
『「漢書」地理志』

ヒストリー教授
人類の歴史に詳しすぎる鳥として、知る人ぞ知る歴史学者。「歴史を知れば世界がわかる！」をモットーに、好奇心の赴くまま、どこへでも研究のために飛んでいく。好きな食べものは豆苗。

暦
中学2年生。歴史好きの祖父が語る様々な歴史の物語を聞くのが大好きで、いつの間にか自分も歴史に興味を持つようになった。中学生のうちに図書館にある偉人の伝記をすべて読破したいと思っている。

千代
中学2年生。歴史を学ぶおもしろさにはまり、中学入学後すぐに「歴史研究同好会」を発足。現在も会長を務めている。趣味は神社・仏閣巡りと御朱印集め。将来は全国のお城巡りもしてみたい。

身の回りにある、
知っていると
役に立つかもしれない
知識をお届け!!

サクセス印のなるほどコラム

平均点と計算ミス

今回のテストの平均点は40点かあ。低かったなあ……。

問題が悪かったんじゃない?

そんなに難しかった?

まず、量が多い!

出したい問題を全部入れてしまったからなあ。

計算が多い!

それは仕方がないよ。問題の特性だからさ。

テストをなくせばいいんだよ。

無理言わないでよ。成績をつけなきゃいけないしね。それに、テストを全部なくしたら、みんな勉強をしなくなると思うんだよね。

逆だと思う! だって、テストがなければ、みんな知りたいことは自分で調べるんじゃない?

そうしたら学習内容に偏りが出るからよくないよ。

偏りのどこが悪いの?

それはさ、ご飯で栄養バランスが大事なのと同じで、勉強も色々な知識をまんべんなく知ることが大事なんだよ。

ふ〜ん?

不満そうだね。

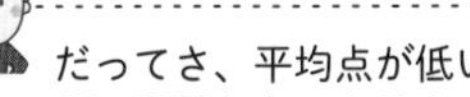

だってさ、平均点が低いってさ、それ、教える側の問題もあると思うんだよね。

それは教える私も責任を感じているよ。

生徒を代表して言わせてもらうけど、テストは一生懸命頑張った!

そっかあ……じゃあ、平均の出し方を間違ったのかなあ?

平均の出し方って1つだから、単に計算ミスをしたってこと?

いや、平均の出し方って、世の中にたくさんあってね……。

えっ? そうなの?

足し算の平均とか掛け算の平均とか、最大の値と最小の値をはずして考える平均とか……。

その最大の値と最小の値をはずして考える平均ってなに?

例えば、体操競技の世界大会では、一部でこの方法が使われているよ。選手の演技を複数の審判員が評価する際に、審判員のつけた最大のスコアと最小のスコアを除いた残りのスコアの平均をその選手のスコアとするんだ。

へえ〜。じゃあ、うちのクラスのテストも最大の値と最小の値をはずして求めたらどうなの?

わかった、やってみるよ……。おっ! 割といい感じの平均点になった!!

ちなみに最大の値と最小の値は何点なの?

100点と0点。

極端だね。

でも待てよ……。あっ! キミの指摘した通り、そもそも最初の平均の計算が間違っていたよ。

やっぱり? 平均の出し方で大事なのは計算ミスをしないことだね!

計算ミスは滅多にしないんだけどなあ〜。

でも平均的にミスするよね。

えっ!!!

高校数学では、早く答えを出すことよりもきちんと答えを出すこと、
つまり答えそのものだけでなく、答えを導くまでの過程も重視します。
なぜなら、それが記号論理学である数学の本質だからです。
さあ、高校数学の世界をひと足先に体験してみましょう！

↗ $35k=16y+3$・・・②

これを満たす自然数kとyを探してみると、$k=1$、$y=2$です。

よって、$x=3$、$y=2$

午前も午後も生徒数は同じ人数なので、

$35x+6=48y+15=111$

答えは**111人**です。

【注意】本当は、②から$k=1$、$y=2$と求めるのは直感的です。

じつは、まだほかにも答えがあるのです。

$x=3$、$y=2$のほかに$x=51$、$y=37$のとき

$35x+6=48y+15=1791$で、1791人です。しかし、生徒が1791人というのはかなり多いので、算額では答えにしていないのだと思います。

今回学習してほしいこと

和算に出てくる整数に関する問題は、数字から直観的に答えに気づくことが大事。
それをきちんと証明するのも高校の数学。まずは、答えを見つけよう！

キツネが田植えをします。

苗を５束ずつ植えると１束余り、７束ずつ植えると２束余ります。

苗の束は何束ありますか。

一番少ない場合で答えてください。

LECTURE!

和算編その３

**例題　ある学校に午前と午後に来た生徒数は、午前は35人ずつで６人余り、午後は48人ずつで15人余るという。
さらに、午前と午後の生徒数が同じとき、午前、午後、それぞれ何人の来校者数となるか答えなさい。**

江戸時代からの算数・数学である和算編の３回目です。
今回も文章題から立式をしてみましょう。
この問題は福島県田村市にある安倍文殊菩薩堂にある算額がもとになっています。算額とは、神社や仏閣に奉納された和算の絵馬のことです。

さて、どのように求めればよいのでしょうか。
まず、午前を35人ずつx組、午後を48人ずつy組であったとすると、午前も午後も生徒数が同じなので
$35x+6=48y+15$
このxとyは正の整数（自然数）ですから、係数と定数項に着目をすると、
左から順に35，6，48，15です。
35以外はすべて３の倍数です。そこで、
$35x=48y+15-6$　つまり、
$35x=3(16y+3)$・・・①
①の右辺が３の倍数なので、左辺の$35x$も３の倍数。
よって、xは３の倍数になります（実際は$x=3$と直感的にはわかるかもしれません）。
ここでxが３の倍数なので、$x=3k$（k：自然数）とおいて①に代入すると、
$35\times3k=3(16y+3)$
両辺を３で割って、↗

次は嫁入り算と呼ばれる問題を。
34歳の男性が16歳の女性にひと目ぼれしました（原典とした問題では男性26歳、女性８歳でした。かなり昔の時代ということもあり、現代の問題としてはそぐわないため、改題しています）。女性の両親に結婚を申し込みましたが、結婚には早いということで、女性の年令がその男性の年令の半分になったら、結婚の申し込みを許してもらえることになりました。
それは２人の年令がそれぞれ何歳のときでしょうか。

コメ１kgにつき、1250円で仕入れ、1500円で売り、１万円の利益がありました。このコメを仕入れるのにかかった代金はいくらですか。

解答・解説は次のページへ！

福島県の神社に奉納された算額をアレンジした問題です。
稲荷神社なので、問題にもキツネが登場しているようです。

苗を、5束ずつx束、7束ずつy束とし、苗の総数をNとすると$N=5x+1=7y+2$
これを整理すると$5x-7y=1$・・・①
ここで、これを満たす最小の場合を考えてxとyを探します。
例えば、$x=3$、$y=2$を①に代入すると$5\cdot3-7\cdot2=1$・・・②
①－②を筆算すると$5(x-3)-7(y-2)=0$
つまり$5(x-3)=7(y-2)$と変形できます。
左辺が5の倍数、右辺が7の倍数なので、
$5(x-3)=7(y-2)=35k$（kは整数）と表すことができて、
$x=7k+3$　$y=5k+2$
ここで、xもyも自然数なので、$x\geqq1$、$y\geqq1$
したがって、$x=7k+3\geqq1$　$y=5k+2\geqq1$
これを満たす整数$k=0, 1, 2, 3$・・・
最小のx、yは$k=0$のとき$x=3$、$y=2$
このとき$N=5x+1=7y+2=$**16束**と求まります。

答え　16束

これも実際に神社へ奉納された算額の問題をアレンジしたものです。
コメを１kg売ると1500－1250=250で、250円の利益が出ます。
１kgあたりの利益が250円で、合計が10000円の利益ということは、
10000÷250＝40倍。
つまり、コメは40kg仕入れたことになります。
仕入れにかかった代金は1250×40＝**50000円**

答え　50000円

今回は「嫁入り算」という計算方法を知ってもらうために、こうした問題を紹介しました。

（解答例）
x年後に女性の年令が男性の年令の半分になったとすると
$16+x=\frac{1}{2}(34+x)$
この両辺を２倍して
$32+2x=34+x$
これを解いて$x=2$
２年後、**男性が36歳、女性が18歳**のときに結婚を申し込むことができます。

※なお現在の日本の民法では、2022年４月から「男女とも18歳にならなければ結婚できない」ことになっており、あまり若すぎる年令では結婚できないようにルールが定められています。

答え　男性36歳、女性18歳

解いてすっきり
パズルで
ひといき

今月号の問題

ことわざ穴埋めパズル

例のように、空欄にリストの漢字を当てはめて、下の①〜⑧のことわざを完成させましょう。

リストに最後まで残った漢字を使ってできるもう１つのことわざと、最も近い意味を持つものは、次の３つのうちどれでしょう？

ア　忠言耳に逆らう　　**イ**　二階から目薬　　**ウ**　寄らば大樹の陰

【例】 □を□らわば□まで　→　毒を食らわば皿まで

① □け□に□

② □□は□て□て

③ □は□を□ねる

④ □□って□□まる

⑤ □ある□は□を□す

⑥ □□の□も□□から

⑦ □んで□に□る□の□

⑧ □□は□□よりも□なり

【リスト】

一	隠	雨	夏	果	火	奇	苦
兼	固	口	降	皿	事	実	小
小	焼	食	寝	水	石	説	千
待	大	鷹	地	虫	爪	道	毒
入	能	飛	歩	報	薬	里	良

応募方法

下のQRコードまたは104ページからご応募ください。

◎正解者のなかから抽選で右の「**ピットタックC**」をプレゼントいたします。

◎当選者の発表は本誌2024年12月号誌上の予定です。

◎応募締切日 2024年８月15日

今月のプレゼント！

付箋が作れるテープのり

5名さまに

トンボ鉛筆の「ピットタックＣ」は、普通の紙を付箋（ふせん）に変えることができる便利なテープのり。のりの成分が紙に浸透しすぎない「浸透ブロック粒子」の働きによって、何度でもきれいにはがして貼り直すことができるのです。授業中に書いたメモや、プリントのコピーを切り取って付箋にし、ノートに追加したり項目を入れ替えたりするなど、見やすくわかりやすいノート作りに役立ちます。

4月号の答えと解説

解答 VOICE（声、音声）

4月号の問題

？に入る文字を推理するパズルです。☆は？に入る文字が使われていますが、入る位置が違うことを表しています。☆1個は1文字です。★は入る位置も正しく使われています。また、単語は、BOOKやEVERYのように、同じ文字が含まれていることはありません。

【例】次の？？？に当てはまる3文字の英単語を答えなさい。

？？？

①	CAT	☆☆
②	EAT	☆☆
③	SEA	☆☆
④	USE	★

【解き方】

③と④を比べると、Aが使われていて、Uは使われていないことがわかり、さらに②、③から、Aは1文字目です。

次に、④でSが使われているとすると、Eは使われていないことになり、②からTが使われていることになります。ところが、④からSは2文字目の位置になりますから、Tの位置が①、②と矛盾します。

よって、④ではEは使われていることになり、②からTが使われていないことになります。こうして推理を進めていくと？？？は“ACE”ということがわかります。

それでは、この要領で次の問題を考えてみてください。

【問題】次の？？？？？に当てはまる5文字の英単語はなんでしょうか？

？？？？？

①	DRIVE	★★☆
②	OCEAN	☆☆☆
③	POINT	★★
④	SHOCK	★☆
⑤	RADIO	☆☆

ヒント ①、②を比べると、5文字の単語であることから、使われているアルファベットの種類が絞られます。

①のDRIVEと②のOCEANを比べると、Eだけが共通です。もしEが使われていないとすると、①でD、R、I、Vのなかから3文字、②でO、C、A、Nのなかから3文字が使われていることになり、5文字をオーバーします。

したがってEは使われており、①でD、R、I、Vのなかから2文字、②でO、C、A、Nのなかからも2文字が使われ、これらの文字以外は使われません。

これを④のSHOCKと比較するとS、H、Kは使うことができないとわかるため、使われている文字はO、Cと決まります。

すると、②のOCEANでE、O、Cが使われているので、A、Nは使われていないことがわかります。

また③のPOINTから、P、N、Tは使われないため、Oが2文字目、Iが3文字目と決まります。したがって④より、Cは4文字目と決まります。

⑤のRADIOではI、Oが使われ、R、A、Dは使われていません。ここで再び①のDRIVEを見てみると、I、Eが使われており、D、Rは使われないため、Vが使われていると絞り込むことができます。

以上より、使われるのはE、O、C、I、Vの5文字と決まります。Oが2文字目、Iが3文字目、Cが4文字目のため、①からEは5文字目と定まって、残りのVは1文字目と決まります。

以上のことから、答えは“VOICE”とわかります。

4月号パズル当選者（全応募者10名）

相澤 柊介さん（中3・埼玉県）　上田 稜真さん（小6・神奈川県）

加藤 結さん（中2・東京都）　中原 慶太さん（中1・東京都）　吉田 周介さん（中3・東京都）

夢が広がる高校選びの情報満載！
Success15
バックナンバー好評発売中！

2024年 6月号
高校を選ぶ①
大学進学を視野に入れて
海底に眠る歴史的痕跡
人類の営みに迫る水中考古学
Special School Selection
東京都立国立高等学校
私立高校WATCHING
桐蔭学園高等学校

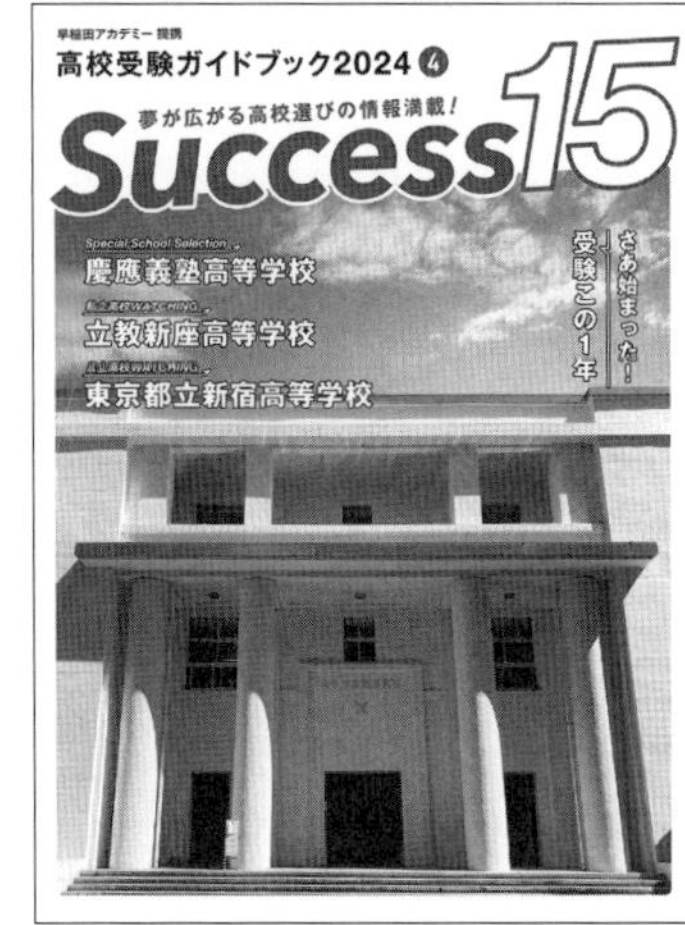

2024年 4月号
さあ始まった！
受験この1年
新たな技術で変化する
農業の未来を考える
Special School Selection
慶應義塾高等学校
高校WATCHING
立教新座高等学校
東京都立新宿高等学校

2024年 2月号
高校に進んだら君はなにする？
Special School Selection
開成高等学校
研究室にズームイン
海底下にいる微生物の
不思議を探る
高校WATCHING
法政大学国際高等学校
東京都立立川高等学校

2023年 12月号
知っておきたいこれからの授業
AIで変わりゆく学校教育
これ不思議！
なぜなに科学実験室
Special School Selection
早稲田実業学校高等部
公立高校WATCHING
神奈川県立柏陽高等学校

2023年 10月号
第1志望校キミは決まった？
Special School Selection
東京都立西高等学校
研究室にズームイン
ペンギンやハチドリの
「羽ばたく翼」を分析
私立高校WATCHING
桐光学園高等学校

2023年 8月号
学校説明会 ここがポイント
Special School Selection
東京都立日比谷高等学校
研究室にズームイン
「鳴き声」を活用し
ジュゴンの生態に迫る
私立高校WATCHING
明治大学付属明治高等学校

2023年 6月号
高校受験まであと270日
「やるべきこと」はなにか？
日本の伝統「社寺建築」とは？
Special School Selection
早稲田大学本庄高等学院
高校WATCHING
法政大学高等学校
東京都立小山台高等学校

2023年 4月号
高校に進んだら
文系、理系 あなたはどうする？
地図を旅しよう
Special School Selection
東京都立戸山高等学校
高校WATCHING
淑徳与野高等学校
神奈川県立湘南高等学校

2023年 2月号
さあ来い！入試 ポジティブ大作戦
Special School Selection
早稲田大学高等学院
研究室にズームイン
乾燥地の砂漠化に
緑化で立ち向かう
高校WATCHING
中央大学高等学校
埼玉県立浦和第一女子高等学校

2023年 秋・増刊号
女子のための大学講座
女子大学を知る
アッと驚く！
なぜなに科学実験室
Focus on 国立・公立・私立
魅力あふれる3校
東京工業大学附属科学技術高等学校
千葉県立東葛飾高等学校
国学院高等学校

気になる学校がきっと見つかる
高校受験にかかわる情報が盛りだくさん！

ワンコ先生が贈る不思議で楽しい実験
いまの時代に求められるプログラミングや
経済学の知識などなど
新たな興味もきっと生まれる

大学生や研究者の先生の言葉から
将来へのヒントも!?

どうぞお楽しみください

これより以前のバックナンバーはホームページでご覧いただけます（https://www.g-ap.com/）

バックナンバーはAmazonもしくは富士山マガジンサービスにてお求めください。

8月号

表紙：筑波大学附属駒場高等学校

FROM EDITORS 編集室から

いよいよ夏本番。うだるような暑さで勉強への集中力が続かないという人もいるのではないでしょうか。11ページからの「氷河の研究」を読んで、そんな暑さを少しでも和らげていただけたら嬉しく思います。

個人的には氷河のもとが「雪」であるということに驚きました。雪が降り積もり長い年月をかけて氷河になることを思うと、自分自身の日常の積み重ねもなにかにつながっていくのではないかと感じます。

杉山教授が心がけているのは「つねにベストを尽くす」ことだそうです。みなさんも目の前のことについて自分なりに考え、ベストを尽くして取り組むと将来進むべき道がみえてくるかもしれません。 (M)

Next Issue 10月号

Special

模試と偏差値ってどんなもの？

研究室にズームイン

Special School Selection

公立高校WATCHING

※特集内容および掲載予定は変更されることがあります。

Information

『サクセス15』は全国の書店にてお買い求めいただけますが、万が一、書店店頭に見当たらない場合は、書店にてご注文いただくか、弊社販売部、もしくはホームページ（104ページ下記参照）よりご注文ください。送料弊社負担にてお送りいたします。定期購読をご希望いただく場合も、上記と同様の方法でご連絡ください。

Opinion, Impression & ETC

本誌をお読みになられてのご感想・ご意見・ご提言などがありましたら、104ページ下記のあて先より、ぜひ当編集室までお声をお寄せください。また、「こんな記事が読みたい」というご要望や、「こういうときはどうしたらいいの」といったご質問などもお待ちしております。今後の参考にさせていただきますので、よろしくお願いいたします。

サクセス編集室 お問い合わせ先

TEL : 03-5939-7928　FAX : 03-3253-5945

訂正とおわび

『サクセス15』2024年6月号に掲載しました「帰国生が活躍する学校 早稲田佐賀高等学校」の記事で、次の誤りがありました。

（誤）「八郎太館」
↓
（正）「八太郎館」

訂正しておわびいたします。（編集部）

FAX送信用紙

※封書での郵送時にもコピーしてご使用ください。

100ページ「ことわざ穴埋めパズル」の答え

氏名

学年

住所（〒　　　－　　　　）

電話番号

（　　　　　　）

現在、塾に

通っている　・　通っていない

通っている場合

塾名

（校舎名　　　　　　　　）

面白かった記事には○を、つまらなかった記事には×をそれぞれ３つずつ（　）内にご記入ください。

FAX.03-3253-5945

FAX番号をお間違えのないようお確かめください

サクセス15の感想

高校受験ガイドブック2024 8　Success15

発　行：2024年７月16日　初版第一刷発行
発行所：株式会社グローバル教育出版　〒101-0047 東京都千代田区内神田2-4-2 一広グローバルビル3F
ＴＥＬ：03-3253-5944
ＦＡＸ：03-3253-5945
Ｈ　Ｐ：https://success.waseda-ac.net/
e-mail：success15@g-ap.com

郵便振替口座番号：00130-3-779535
編　　集：サクセス編集室
編集協力：株式会社 早稲田アカデミー

【個人情報利用目的】ご記入いただいた個人情報は、プレゼントの発送およびアンケート調査の結果集計に利用させていただきます。